Sally Nakamura
Brooke Lathram-Abe

デキる人は
ここで差がつく！

よく似た英単語の使い分け

厳選
400語

三修社

は じ め に

　皆さんは英語を話すとき、「思いやりングリッシュ」を使えていますか？
「英語には敬語がないからどんな言い方でも大丈夫」
「コミュニケーションの道具なんだから、伝わりさえすればOK」
という主張も耳にしますが、本当にそうでしょうか？
　私が全国通訳案内士としてお仕事をするときや、通訳者としての勉強
を行う中でぶつかった壁。それこそが「相手とシチュエーションに応じた
言葉選び（思いやりングリッシュ）」でした。
　例えば、「約600年の歴史がある寺院です」と説明するとき、子ども
向けの場合と大人向けの場合とでは、日本語でも言い方を変えると思い
ます。
子ども向け：This temple has, say, a 600-year history.
（このお寺には600年くらいの歴史があるんだよ）
大人向け：This temple has approximately a 600-year history.
（この寺院には約600年の歴史があります）
　日本語の場合、私たちは「聞いている相手は誰か・状況はどうか」
を自然に考えて、そのときに最も適した意味やニュアンスを持った言葉を
選んで話し分けているはずです。実は英語でもそれは同じこと。ただ、英
語を母国語としない私たちにとって「相手とシチュエーションに応じた言
葉選び」はとても難しいものですね。「英語のニュアンスや場面に応じた
使い分けをまとめられないか」それが本書を作るきっかけでした。
　「相手とシチュエーションに応じた言葉選び」はコミュニケーションをと
る相手への敬意や、思いやりの表れでもあると思います。英語はコミュニ
ケーションの道具であるからこそ、その先にいる「相手」を思った使い
方を磨いていきたいと私は考えています。
　本書が、皆さんの英語力の向上に留まらず「より相手に寄り添ったコ
ミュニケーションとは何か」を考えるきっかけになれば幸いです。

Sally Nakamura

本書の特徴は、100章ごとに4例以上の類似した英単語・表現を厳選し、シンプルな表やグラフ・違いがわかる例文・解説で、そのニュアンスや使い方の違いがわかるように工夫していることです。TOEICなどの資格試験勉強にも役立つことはもちろんですが、何よりも本書で単語のニュアンスと使い方、また表現の楽しさを味わっていただきたいと思っています。

　本書の例文と解説は、アメリカ育ちの「ネイティブスピーカー」の私自身も多くの文献を参考にしながら楽しく作りました。例えば、日本語の「つまらない」を単に英語のboringと丸暗記するだけでは、英語の勉強が本当にboringになるでしょう。しかし、本書ではboringをもとにThis is boring.／I'm bored with this.などの用例や反対語のinteresting/interested in...、さらには類語のcaptivating/captivated by〜にも関心が向くよう工夫されています。

　このように単に品詞の羅列ではなく、「機能」により単語・表現を分けた理由は、品詞が違っても似た意味を持つ表現を併せて解説することで、より理解を深める助けになると思ったからです。例えば、「たまに・時々」(009)では、熟語のfrom time to timeと副詞のoccasionallyを同時に説明しています。

　本書に掲載されている例文と解説は、私自身のアメリカでの経験や知識をもとに書いています。最後になりますが共同執筆者のSally Nakamura先生、日本語の言葉遣いに多くの助言を頂いた本多真佑子氏、そして三修社の竹内正明氏に深く感謝します。また英文の校正は、法律家で英文法にも精通した父のJ. Brook Lathramが献身的に手助けしてくれました。

　単語の表現力の可能性は無限です。本書を読みながらぜひ楽しく自分の例文を作ってみてください。そうすれば身につく表現力がきっと数倍になっていることでしょう。

Brooke Lathram-Abe

Contents

1章 動作の描写・程度や頻度・特定する表現15

2章 環境・気分・ものを描写する表現36

3 章 動作を表す表現49

本書の使い方＋特長

📖 本書の使い方

本書では日本人が使い分けを間違いがちな400単語を厳選しました。表現の
タイプ別に全3章に分けて掲載しています。

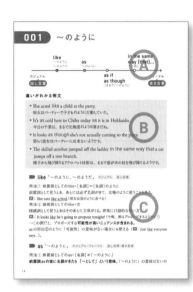

A：
見出しの各英単語の違いが**視覚的に、
かつ瞬時にわかるような表やグラフを掲
載**しています。
それぞれの単語の使い分けにどのような
特徴があるのか、をいくつかのタイプの
グラフや表で表しています。
例えば「フォーマル度」や「程度の強
弱」などによって使い分けをする類語の
場合、その度合いを矢印で示しているこ
とが多いです。「相性の良い語・イメー
ジ」によって使い分けをする類語の場
合、相性の良い語が何であるのかがひ
と目でわかるような表になっています。

B：
各見出しの**英単語の違いがわかる例文**を紹介しています。「フォーマル度」に
よって使い分ける場合は、例文の訳もその度合いをそろえているので、日本
語訳を見るだけでも程度がわかりやすいでしょう。**Aの表やグラフで違いを感
覚的にとらえられたら、この例文を見て「実際はどう使うのか」をイメージし、
違いを具体的に理解してみましょう。**

C：
各英単語の**用法**を詳しく解説しています。各類語の使い分けを表・グラフや
例文でとらえられたら、より具体的に1語ずつの使い方を確認していきましょう。
日本語訳では同じ品詞の語に見えても、英語では類語の中で品詞が混在し
ていることもあります。また、「フォーマル度」で使い分けている単語の中で

同じフォーマル度でも、ある特定のシーンで使うことが多い単語もあります（例えば、同じフォーマル度の単語でも「ニュース」で頻出の語なのか、「論文」で頻出の語なのかなど、シーンが特定できる場合があります）。

1語1語の使い方を学習することで、ご自身で使うときに、より使い分けがしやすくなるはずです。

D:
各ページに「COLUMN」か「ほかの表現」を扱っています。
COLUMNは筆者の体験談を中心に、各単語にまつわるエピソードやミニ知識などをご紹介しています。語彙力が増えるだけでなく、単語の使い分けを間違えるとどんなことが起きるのかを理解できるなど改めて発見できることも多くあるでしょう。学習の合間に一息つくような感覚で、ぜひ楽しく読んでみてください。
ほかの表現は、各見出しとして紹介しきれなかった、類語を紹介しています。
　基本的には各見出しで扱っている英単語のほうが「ほかの表現」の単語・表現よりもよく使われることが多いですが、さらにほかの表現も身につけてみたい方はぜひ、本書をきっかけにワンランク上の表現も使いこなせるようになるとよいですね。

巻末:
巻末には**アルファベット順の索引**を掲載しています。もし使い分けに悩んだ単語があった場合はこの索引を使って、その単語を探してみてください。

📖 本書の特長

　日本ではとても長い期間をかけて英語を学びます。しかし、どうしても生活の中で英語を活用する機会が少ないため、「類語の使い分け」や「ニュアンスの違い」への理解、目的やシーンに適した語の使い分けなどが上手くいっていないケースが散見されます。そこで私たちは「**利用目的に応じた、適切な英単語と用法を覚える**」ことこそが英語上達の近道だと考え、本書を企画しました。

　英語を使う目的は、日常会話、接客、ガイド、通訳、ビジネスなど、人によって様々です。そして英単語にも日本語同様に、シーンや目的によって、同じ意味でも「より適切な語」というものが存在します。例えばビジネスで英語を使う場合はカジュアルな表現や単語よりも、ビジネス向きの表現を覚える必要があります。逆もまた然りです。

　最も大切なことは、「自分がどんな目的・シーンで英語を使おうとしているのか」をまずはっきりさせること。そして、その目的に合致した語を学んだり活用したりすることです。そしてそれこそが、英語力向上の第一歩であり近道でもあると言えます。

　また、英語中級者（TOEIC600点程度〜）にもなると、ある程度の語彙力がつくので、ある程度の会話や読み書き・理解が可能になります。しかし、そこでぶつかる壁がまさに「類語の使い分け」「ニュアンスの違い」を理解した使いこなし、なのです。ビジネスメールではどの単語を使うのが適切なのか、この単語だとカジュアル過ぎないか、この表現で相手にはどのように伝わるのだろうか…そういった細かいニュアンスを理解して英語が使えればいいのに、と感じたことがある方は多いのではないでしょうか。本書は、そういった悩みを抱える多くの方の役に立つように構成を工夫しています。

特長 ① 目的に応じたニュアンスの違い・使い分けがひと目でわかる表・グラフ

各ページの最初に「ひと目で」「視覚的に」「感覚的に」、使い分けやニュアンスの違いをとらえられるグラフや表を掲載しています。これによって、まずは各単語の違いを分けるものが何なのか（フォーマル度なのか、程度の違いなのか、相性の良い目的語なのか…等）、概要を理解して、それ以降の詳説に臨むことができます。

特長 ② 表・グラフでつかんだ「違い」を実践的に理解できる「違いがわかる例文」

特長①で触れた表やグラフで概要を理解したら、各単語を使った例文を確認してみましょう。そうすることで、おおざっぱにつかんだ類語の違いを、より実践的に文

章の中で理解することができるでしょう。フォーマル度で明確に使い分けをしている単語の場合、この例文の日本語訳を見ただけでも違いを理解する助けになります。

特長 ③ 日本語訳でニュアンスの差もしっかり伝える

特長②で紹介した「違いがわかる例文」だけでなく、本書では詳細な各単語の用法も詳細に解説しています（特長④）。その用法解説の中でも理解の助けになるような多くの例文を扱っています。この例文の中でも日本語訳でニュアンスの差を出せるように工夫しています。

特長 ④ 各単語の詳細な用法解説で実践的に使うことができるようになる

類語の使い分けやニュアンスの違いなどは辞書を見れば書いてあることもありますが、その用法解説までもが一緒に書かれていることは少ないでしょう。本書は「英語を使いこなす」ことを目的としていますので、読者の皆さんにはぜひ、使い分けやニュアンスの違いへの理解だけに留まらず、実際にその語を使うときに役立つ「語そのものの使い方」にも習熟していただきたいと思っています。

特長 ⑤ コラムで使い分けの重要性を実感

筆者の体験談をもとに、エピソードや覚え方などの楽しいコラムを掲載しています。より具体的なシーンにおける語の使い分けの重要性を実感しつつ、共感しながら読み進めていただける内容となっています。ぜひ、小休止として気軽に読んでみてください。

特長 ⑥ 「ほかの表現」でワンランク上の表現へつなげる

各見出しで紹介する類語は、特によく使われる語や日本人が間違いやすいと感じた単語を筆者が厳選して掲載しています。もちろん、この見出しで紹介する語以外にも類語があることもあります。さらにワンランク上の表現力を身につけたいという方のために、コラムの代わりに「ほかの表現」を紹介しているページもあります。

　今の英語力をさらにワンランク上にアップさせたい、もう少し込み入ったことを伝えたい、相手の細かいニュアンスまで理解したい…そのような思いや願いを持つ多くの学習者の方の一助となれば幸いです。

動作の描写・程度や頻度・特定する表現15

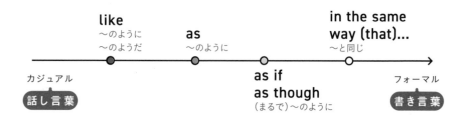

違いがわかる例文

- She acted **like** a child at the party.
  彼女はパーティーで子どものように行動していた。

- It's **as** cold here in Chiba today **as** it is in Hokkaido.
  今日の千葉は、まるで北海道のような寒さだね。

- It looks **as though** she's not actually coming to the party.
  恐らく彼女はパーティーには来ないようです。

- The skilled acrobat jumped off the ladder **in the same way that** a cat
  jumps off a tree branch.
  梯子から飛び降りるアクロバット技術は、まるで猫が木の枝を飛び降りるようです。

▶ **like**「〜のように、〜のようだ」 カジュアル 話し言葉

用法① 前置詞としてのlike+[名詞]＝[名詞]のように
前置詞として使うとき、あとには必ず名詞がきて、比喩のように使うこともある。
例：She eats <u>like</u> a bird.（彼女は鳥のように食べる）
用法② 接続詞としてのlike+文
接続詞として使うときはそのあとに文章がくる。非常に口語的な使い方。
例：It looks <u>like</u> he's going to propose tonight!（今晩、彼はプロポーズするようです！）
→この例だと、プロポーズする**可能性が高いニュアンスが含まれる**。
asの用法②のように「可能性」の意味がない場合にも使える（**例**：Just <u>like</u> everyone
says...）。

▶ **as**「〜のように」 カジュアル・フォーマル 話し言葉・書き言葉

用法① 前置詞としてのas+[名詞]≠「〜のように」
前置詞asの後に名詞がきたら「〜として」という意味。「〜のように」の意味はないの

でlike用法①と混同しないように。

例：He works <u>as a teacher</u>.（彼は教師として働いています）

用法② 接続詞としてのas

接続詞としてのasのあとは文か前置詞がくる。as I do（私がするように）や as they do（彼らがするように）、As with his previous books,...（彼の前作のように…）など。like用法②のような**「可能性」の意味はない。**

用法③ as+[形容詞]+as+[名詞]＝「[名詞]のように[形容詞]だ」

例：She is <u>as beautiful as the queen</u>.（彼女は女王のように美しい）

▶ as if, as though 「（まるで）〜のように」 やややフォーマル 書き言葉

as ifとas thoughはほぼ同じ意味。

用法① likeのように「事実の可能性が高い」ときに使える

例：He acts <u>as though</u> he wants to go.（彼は本当に行きたがっているように振舞う）

→彼が行きたいのは**事実である可能性が高い**というニュアンス。

用法② 現在形の文+as if/as though+過去形の文で仮定の意味

例：He acts <u>as if</u> he <u>were</u> in charge.（彼はまるで担当者のように振舞っている）

→彼は本当に担当者ではなく、担当者のふりをしているというニュアンス。もし本当に担当者である可能性が高ければwereではなくisとなる。

▶ in the same way (that)... 「〜と同じ」 やややフォーマル・フォーマル 書き言葉

用法① 接続詞で後に文がくる

例：A writer expresses herself with words <u>in the same way</u> that a painter expresses herself with color.（画家が色で自身を表現するのと同じように、作家は言葉で自身を表現する）

COLUMN

● **"like" は便利な表現だけど…**

「〜のように」と言いたい場合、"like"はとても簡単で便利です。一方でカジュアルな表現でもあるため、オフィシャルな場での会話や、会議通訳等での使用には向かない場合もあります。筆者も通訳の先生から「フォーマルな場面では『例えば〜』の訳にlikeを使うよりも、代わりにsuch asを使ったほうが丁寧ですよ」とアドバイスを受けたことがあります。likeの用法は様々です。「〜のように」の他、「〜といった、例えば〜、〜のような」という使い方もあります。

例えば、I've climbed many Japanese mountains, <u>like</u> Mount Kita and Mount Hotaka.（たくさんの日本の山に登りました。例えば北岳や甫尊山などです）です。

日本語では「や、とか、など」を「その他もろもろ」という意味で頻繁に使いますが、英語では「や、とか、など」を直訳する必要がありません。「その他もろもろ」を言いたいときには、and so onが使えます。

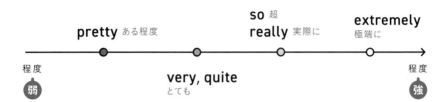

違いがわかる例文

- This food's **pretty** good, but it could be better.
  この食べ物は、**まあまあ**おいしいけれど、もっとおいしいものがあるはず。

- She's **quite** the artist!
  彼女は**素晴らしい**アーティストだね!

- It's **so** hot today!
  今日は**すっごく**暑いね!

- It's **extremely** hot in here; you must open some windows.
  ここは**非常に**暑いから、窓を開けたほうが良いですよ。

▶ **pretty**「ある程度」 カジュアル 程度弱い

用法① pretty+[形容詞]またはpretty+[副詞]の形で使う
あとにくる形容詞は **good、bad、stressful**などで、副詞は **poorly、well、fast、slowly**と
一緒に使うことが多い。

用法② 主に話し言葉で使う
主に話し言葉やカジュアルなメールで使う。「ある程度」という意味に近いが文脈に
よって、その程度が変わる。例えば、本人の自覚に反して実際はよくできていた相手に
pretty wellと言うと、誉め言葉になる。
例:I'm afraid I did really badly on my English test.(英語のテストはかなり良くなかったと
  思います)- Actually, you did <u>pretty well</u>.(実際は、よくできていたわよ)
一方で、よくできたという自覚のある相手にpretty wellと言うと批判に聞こえる。
例:I think I aced that English test.(英語のテストはよくできたと思う)- You did <u>pretty well</u>,
  but there's room for improvement.(まあまあ良かったけど、改善の余地はあるわね)

▶ **very, quite**「とても」 カジュアル・フォーマル 程度やや弱い

用法① カジュアルでもフォーマルでも使える
quiteとveryのいずれもカジュアルでもフォーマルでも使えるが **very**のほうが使用頻度が

高い。副詞なので、pretty のように形容詞 good、bad、stressful や副詞 poorly、well、fast、slowly の前に使うことが多い。

用法② quiteは、quite+［冠詞］+［名詞］で使うこともある

quite+［冠詞］+［名詞］で使う場合、主に次の2つのパターンがある：①**quite+the+ ［（形容詞）名詞］**、②**quite+a+［形容詞］+［名詞］**。例えば、quite the student（すごい生徒でしょう）、quite the musician（すごい音楽家でしょう）、quite a good student（≒ such a good student）のように使う。very にこの使い方はない。

用法③ not quiteで「まだできていないが、あともう少し」の意味

例：not quite there yet（まだそこに到着していないが、あともう少し）

not very は単純に「あまり〜（ない）」という意味。

▶ so「超」、really「実際に」 カジュアル 程度やや強め

用法① so/really+［形容詞］またはso/really+［副詞］で使う

so は日本語の「超」に近く、really は「実際に」に近いニュアンス。**very や quite より程度がやや強い**。両方ともカジュアルに聞こえるが、**really よりも so のほうがさらにカジュアル**。あくまでも話し言葉やカジュアルなメールのみで使う。そのためメールなどの書き言葉でsoを使うときはそのあとに「！」がくることも多い。

例：［SNSのコメントに］That's so great!（超すごい！）

用法② really+［冠詞］+［名詞］で使うこともある

quiteと同様に、really+［冠詞］+［名詞］の形で使い、**really+a+［形容詞］+［名詞］の語順**が多い。

例：He's really a skilled basketball player.（彼は本当に熟練のバスケットボールの選手ね）

▶ extremely「極端に」 カジュアル・フォーマル 程度強め

用法① 気分や環境の描写を強調したいときに使う語

extremely は名詞の（エクストリームスポーツなどの）extreme からきていて**「極端に」という意味**を持つ。形容詞または副詞と一緒に使う。

例：extremely hungry（極端に空腹な）、extremely tired（極端に疲れた）、extremely important（非常に重要な）、extremely valuable（極めて価値のある）、extremely fast（極めて速い）

ほかの表現

- highly「非常に、高度に」
  I highly recommend that museum!（その博物館を特にお勧めします！）
- vastly「非常に」
  He vastly overestimated his ability to handle the situation and wound up making a fool of himself.（彼は事態に対処するための自分の能力を非常に高く見積もり過ぎたため、恥をかく結果となった）

003 およそ・約

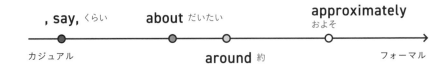

, say, くらい　　about だいたい　　approximately およそ

カジュアル　　　　　　around 約　　　　　　フォーマル

違いがわかる例文

- I'll pick you up at, **say,** 4 o'clock.
  4時くらいにお迎えに来るわね。

- It is **about** a 10 minutes' walk from the station to my house.
  駅から私の家までは徒歩でだいたい10分だよ。

- It takes **around** 2 hours to get from the Narita airport to the hotel.
  成田空港からホテルまでは約2時間かかります。

- The population of this city is **approximately** one million.
  この都市の人口はおよそ100万人です。

▶ , say, 「くらい」　非常にカジュアル

用法①　[前置詞]+, say, +[時間や年月日]で使うことが多い
前置詞のinやatと一緒に使うときは、[前置詞]+, say, +[時間や年月日] という語順が自然。sayの前後のカンマを忘れずに!

用法②　「提案」や「推測」のニュアンスが強い
「近い（約）」よりも **「提案」** や **「推測」** というニュアンスが強い。

例：He's, say, 20 years old.（彼は20歳くらいかな）
　　I bet he will come at, say, 10 p.m. tonight.（彼はきっと、今晩10時頃に来るはずよ）
例えばLet's meet at, say, 10:00. と言うと、Let's meet around[about] 10:00. と異なり、「10時くらいはどうですか?」という提案のニュアンスが強くなる。

▶ about 「だいたい」　カジュアル　ときどきフォーマル

用法①　「約」という意味ではaroundよりもaboutのほうがよく使われる
「時間、時間の量、距離など（年月日以外）」と一緒に「およそ、約」という意味で使う場合は aboutのほうが aroundよりも使われる。

用法②　at+about+[時間] もabout+[時間] もOK
前置詞atを使う場合、at+about+[時間] でもabout+[時間] でもどちらでも構わない。

例：Let's meet (at) about 10:00.（だいたい10時に会おう）

用法③ 「だいたい」の他に様々な使い方がある

その他、①「〜について」**例**：We talked about the movie today.（今日は映画について話した）、②「すぐ」**例**：It's about to rain.（今にも雨が降りそうだ）という意味もある。

▶ around「約」 ややカジュアル フォーマル

用法① 前置詞は不要

inやatのような「場所を表す前置詞」でもあるので、前置詞は不要。

例：The meeting starts around 10:00.（ミーティングは10時頃に始まる）

→前置詞atがないことが多い。

用法② 「約」の他に様々な意味がある

「約」の他、①「周りをぐるりと」**例**：Go around the car.（車の周りを行く）や、②「近く、辺り」**例**：Walk around the neighborhood.（近所の辺りを歩く）という意味もある。

▶ approximately「およそ」 フォーマル

用法① 最もフォーマルな場面で使う語

最もフォーマルな単語。論文・ビジネスメール・発表・新聞などで使うことが多い。「正解に近い」というニュアンスを持つことがある。

用法② ［前置詞］+approximately+［時間と年月日］の語順になる

通常、atやinなどの［前置詞］+approximately+［時間と年月日］の語順になる。

例：The meeting starts at approximately 10:00.（ミーティングは10時あたりに始まるだろう）
He was born in approximately 1980.（彼は1980年ごろ生まれた）

COLUMN

● 英語でもTPOに応じた言葉選びが大切です

筆者が以前、通訳者の大先輩から聞いたエピソードをご紹介します。その方は、とある市の市長の通訳者でした。市長の英語スピーチの準備をお手伝いしていたとき、市長が「わが市は、約100万人の人口を有し…」という内容を英語でThe population of our city is about one million...とおっしゃったそうです。そこでその先輩は「aboutをapproximatelyに変えるように」とアドバイスをしました。すると市長から「なぜaboutではだめなのか。そのほうが発音は簡単なのに」と尋ねられたそうです。先輩はこう答えたそうです。「aboutはカジュアルな単語になります。百万都市の市長としてご来賓に対しての英語スピーチを行うのですから、approximatelyのようにフォーマルな単語を選ぶことで、スピーチがより格式の高いものになるのです」
日本語でも英語でも「話し手が誰で、聞き手は誰なのか、そして話す場所はどこなのか」ということを念頭に、言葉を選ぶ必要があるのだなと感じたエピソードでした。

004 ～について

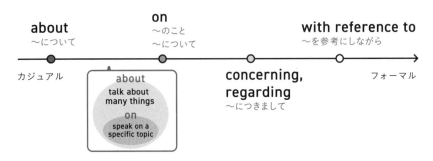

about 〜について

on 〜のこと 〜について

with reference to 〜を参考にしながら

カジュアル

about talk about many things **on** speak on a specific topic

concerning, regarding 〜につきまして

フォーマル

違いがわかる例文

- He and I talked **about** everything under the sun.
  彼と私は何でも話し合う仲だったの。

- His speech was **on** the similarities and differences between Edo and Paris in the eighteenth century.
  彼のスピーチは、18世紀の江戸とパリの類似点と相違点についてだったよ。

- **Regarding** that discussion we were having this morning, have you done what we asked you to do yet?
  今朝のミーティングにつきまして、我々がお願いしたことはやっていただけましたか？

- I'm calling **with reference to** an opinion piece your news site published two days ago.
  2日前にそちらのニュースサイトに掲載された意見記事に関してお電話させていただいております。

▶ **about**「〜について」 カジュアル

用法① 「〜について」という意味で最もよく使われる単語

2人以上で話しているときに「何について話しているか」を表す際に最もよく使う語。

例：We talked about all sorts of fun things.（私たちはあらゆる楽しいことについて話した）

「話していること」を表すtalk以外の他の動詞とももちろん、一緒に使う。

例：I'm reading about the Russian Revolution.（私はロシア革命について読んでいる）

▶ **on**「〜について、〜のこと」 カジュアル・フォーマル

用法① aboutよりも「より具体的なこと」について触れるときはon

20

左上のグラフが表すように **on は about よりも「より具体的なトピック」について触れるときに使う**。下記の例の2文目は His lecture today was about... としても間違いではないが、「江戸時代のこと」のさらに具体的な「人形浄瑠璃文楽」のことなので on のほうが適切。また、動詞との相性があることも覚えておこう（feel や know は feel/know about は使うが feel/know on は使わない）。

例：The professor knows a lot <u>about</u> the Edo Period. His lecture today was <u>on</u> bunraku puppet theater.（その教授は江戸時代について多くのことを知っている。本日の彼の講義は人形浄瑠璃文楽についてだった）

用法② about なら talk、on なら speak との相性が良い

2人以上で様々な話題について話している場合、**talk about を使うのが自然**。1人が「具体的な話題」について話す場合、**speak on を使うのが自然**。

用法③ on も about も文頭よりも文中や名詞・動詞のあとに使うことが多い

on も about も文頭で使うこともあるが concerning/regarding/with reference to... に比べると**文中や名詞・動詞のあとに使うことが多い**。文頭で使う例としては、On that note（先の点について）がある。

▶ concerning, regarding 「〜につきまして」 ややフォーマル・フォーマル

用法① ビジネスシーンで、文頭で使うことが多い

concerning と regarding はほぼ同様の意味。ともに**ビジネスメールなどのフォーマルな文章で使うことが多い**。また英文の**文頭で使うことが多い**。

例：<u>Regarding (concerning)</u> the discussion we had this morning on the phone, I'd like to follow up with some more information.（今朝お電話でお話しました件につきまして、補足情報を送らせていただきます）

▶ with reference to 「〜を参考にしながら」 フォーマル

用法① 最もフォーマルな場面で使う

最もフォーマルな「〜について」という意味の表現。**文頭や文中で使う**。

例：I'm writing <u>with reference to</u> the article your organization published on December 20 last year.（昨年12月20日に貴社が刊行された記事を参考にしながら書いております）

ほかの表現

- When it comes to 「〜ということになると」
  When it comes to coffee, that cafe is the best.（コーヒーに関して言えば、あのカフェが一番だな）

- as to 「〜については」
  There are many opinions as to the root cause of the problem.（その問題の根本的な原因については、様々な意見がある）

005 自然に

vocabulary	相性の良い語
カジュアル **naturally** ↓ フォーマル **innately**	能力を表す形容詞の前など 例：be good at...
easily	動作動詞
smoothly	flow, go, speakなど
effortlessly	動作動詞、「（形容詞の前に置いて） 自然のままに」という意味

違いがわかる例文

- **Naturally** she's going to take away the top prize. No one else is as skilled as she.
  彼女が優勝するのが当然だよね。だれも彼女ほどの技術を持っていないんだから。

- I can do some tasks **easily**, while I find others more challenging.
  その他の業務はより大変ではありますが、いくつかの業務は苦もなくできますよ。

- If everything goes **smoothly**, we'll finish by noon.
  すべてが順調に進めば、お昼までには終わらせます。

- The soccer player **effortlessly** dribbled around three other players on his way towards the goal.
  そのサッカー選手は、ゴール前に立ちはだかる3人の選手の前を悠々とドリブルした。

▶ naturally, innately「自然に、本質的に」 カジュアル・フォーマル

用法①　naturallyもinnatelyも「本質的に」というニュアンスが強い
副詞naturallyはnatural（自然な）、副詞innatelyはinnate（生まれつきの）という形容詞が元で**「本質的に」というニュアンス**が強い。そのため、naturallyもinnatelyもbe good atなど、**「能力」を表す形容詞の前に使うことが多い。**
例：He's naturally[innately] good at learning languages.（彼は、もともと言語を習得するのが上手だ）
用法②　innatelyのほうがnaturallyよりフォーマル
innatelyのほうがnaturallyよりフォーマル。ただし、「自然に英語が話せるようになりたい」と言うときにはnaturallyを使い、I want to speak English naturally. とするのが自然。ここでの「自然に」は「生まれつき」という意味ではないためである。

用法② 主語が「物」のときはnaturallyを使うことが多い

主語が「物」のときはinnatelyよりもnaturallyのほうがよく使われる。

例：The sculptures in the garden blend <u>naturally</u> into the surrounding scenery.（庭にあるその彫刻は周りの景色に自然となじんでいる）

naturallyをinnatelyに置き換えることはできない。

▶ easily「寛容に、苦もなく」 カジュアル・フォーマル

用法①「苦もなく」というニュアンスが強いeasily

例：I can do this task <u>easily</u>.（苦もなく、この仕事ができる）

naturallyやinnatelyと異なり、**能力よりも動作を表す動詞と一緒に使うことが多い。**

用法② 主語を人だけでなく物・事にしても使える

例：The books <u>easily</u> fit into the bookcase.（この本は本棚に簡単に収まる）

「調整する必要もなく、簡単に」本棚に収められる、というニュアンス。

▶ smoothly「なだらかに、問題なく」 カジュアル・フォーマル

用法①「なだらかに」というニュアンスが強いsmoothly

例：smoothly flowing river（なだらかに流れる川）

用法②「問題なく」という意味もある

例：Fortunately, the project is going <u>smoothly</u>.（幸いなことに、そのプロジェクトは問題なく［順調に］進んでいます）

用法③「スラスラと、スムーズに」の意味も

I can speak English smoothly.（英語をスラスラと話せます）と言うと「スラスラと」、つまり具体的には「自然なイントネーションや発音で話せる」というニュアンス。

▶ effortlessly「努力なしに簡単に」 カジュアル・フォーマル

用法① easilyより簡単に、「努力なしに簡単に」という意味

speak English effortlesslyは「あまり考えずに、すぐに適切な言葉が出てくる」ニュアンス。

用法② effortlessly+［形容詞］で「自然のままに［形容詞］」の意味

例：You're <u>effortlessly</u> beautiful.（自然のままに美しい）

ほかの表現

- without a hitch「なんなく、問題なく」
  Construction of the new building proceeded without a hitch.（新しいビルの建設は問題なく進んだ）

- like clockwork「規則正しく、スムーズに」
  The event went like clockwork, and everyone was satisfied.（そのイベントはスムーズに進み、皆満足した）

slowly 動作を修飾 「ゆっくりと」	deliberately 動作を修飾 「慎重にゆっくりと」

カジュアル　　**one step at a time**　　　　　**gradually**　　フォーマル
step by step　　　　　　　　進み方を修飾
進み方を修飾「1歩ずつゆっくりと」　　「徐々に」　　　ビジネス

違いがわかる例文

- There's no need to hurry; let's take this relationship **slowly**.
  急ぐ必要はないからさ、ゆっくりと関係を築いていこうよ。

- Just take it **one step at a time**, and you'll finish the project.
  1歩ずつ着実に行えば、プロジェクトを完成させられるよ。

- It's best to proceed **slowly and deliberately**; haste makes waste.
  ゆっくりと慎重に進めていきましょう。急いては事を仕損じますから。

- Their relationship seems to have **gradually** improved.
  彼らの関係は徐々に改善してきたようだ。

▶ slowly 「ゆっくりと」 ややカジュアル

用法①　動作動詞を修飾して使うことが多い、最も一般的な「ゆっくり」
形容詞 slow（遅い）が由来の**副詞 slowly は最も一般的な「ゆっくり」という語**。walk slowly（ゆっくり歩く）、move slowly（ゆっくり動く）など動作動詞を修飾することが多い。
用法②　slowly and(but)+一部の副詞でポジティブな意味で使える
slowly and deliberately（ゆっくり慎重に）、slowly and steadily（ゆっくり着実に）（「ウサギとカメ」のカメの動きのように途切れないでという意味）、slowly but surely（ゆっくり確実に）などをよく使う。

▶ one step at a time, step by step 「1歩ずつゆっくりと」 ややカジュアル

用法①　「1歩ずつ結論に向かって進んでいる」イメージ
例：Don't worry. Just take it one step at a time.（心配ないよ。1歩ずつゆっくりとやろう）
例えば予定どおりに仕事が終わらない友人にこのセリフを言ってあげると良いだろう。
用法②　「進む」を意味する動作動詞と一緒に使うことが多い
walk, proceed, continue, advance のような**「進む」という意味を持つ動作動詞を修飾**

することが多い。
用法③ 決まり文句は覚えておくと便利
Take it one step at a time. と似た文に、step by step を使った Take it step by step. や
Just keep putting one foot in front of the other. がある。いずれも「1歩1歩着実に」と
いう決まり文句なので覚えておくと便利。Step by step, I'm learning to love my self.（1歩
1歩、私は自分自身を愛することを学んでいる）のように文頭で使うことも多い。

▶ deliberately「慎重に、ゆっくりと、わざと」 ややフォーマル

用法① 「わざと」という意味もある deliberately
形容詞 deliberate（慎重な）からきた副詞。副詞 deliberately は「慎重に、ゆっくりと」
だけではなく、**「わざと」と言う意味もある。**
例：deliberately cause problems（わざと問題を起こす）
用法② 「慎重に」という意味では 動作動詞を修飾して使うことが多い
動作動詞を修飾しながら、**一緒に slowly を使う**ことが多い。
例：It's important to do this task slowly and deliberately to avoid making a mistake.
（ミスを避けるためにゆっくりと慎重にこの仕事をすることが重要だ）

▶ gradually「徐々に」 ややフォーマル

用法① 「進む」を意味する動詞と一緒に使うことが多い
例えば、proceed gradually towards the finish line「出来上がりまで徐々に進む」のよう
に使う。... is gradually improving.（…は徐々に改善してきている）という形もよく使われる
表現なので覚えておくと便利。
用法② ビジネスシーンではグラフを使って説明するときに一緒に使うことが多い
ビジネスシーンでは、折れ線グラフを使いながら説明するときなどに Sales increased
gradually.（売上が徐々に増加している）、Profits decreased gradually.（利益が徐々に減ってい
る）等のように使う。Sales increased gradually. は**ニュートラルかポジティブなニュアンス**
があるが、Sales increased slowly. と言うと「（売上の増加が）遅い！」というネガティブな
ニュアンスが伝わる。

ほかの表現

- calmly「静かに、落ち着いて」
  The mother held the baby in her arms and calmly whispered that everything would
  be okay.（母親は赤ちゃんを腕に抱いて、きっと全部うまくいくわ、と静かに囁いた）

007 しばしば・普通に

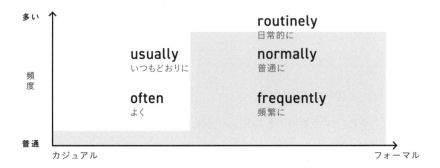

違いがわかる例文

- She **often** practices yoga in the morning.
  彼女は朝、**よく**ヨガを練習します。

- I **usually** get home from work around 7 p.m., but tonight I'll be late.
  いつもは7時頃には仕事から戻るんだけど、今夜は遅くなりそうだよ。

- It is likely that with a 2-degree increase in the average global temperature, intense typhoons will occur more **frequently** in this area.
  世界の平均気温が2度上昇すると、この地域では恐らくより**多くの頻度**で非常に強い台風が発生することになるでしょう。

- People throughout Japan used to practice radio calisthenics **routinely** every morning.
  日本全国で人々は毎朝、**日常的に**ラジオ体操をしたものでした。

▶ often「よく」 カジュアル・フォーマル

用法① 相手に頻度を聞くときも使える語

例：How often do you ride the train?（どのくらいの頻度で電車に乗りますか？）

用法② 動詞と形容詞を修飾する副詞

例えば、He's often angry.（彼はよく怒っている）、He often walks to school.（彼はよく歩いて学校に行く）のように**形容詞も動詞も修飾する。通常、文中に使うことが多い**（動詞と目的語（または前置詞）の間には置かない）。

用法③ 自分の行動・他人の行動・世界で起こることについて話すときに使う

例：It seems like it often rains on weekdays.（平日はよく雨が降るようだ）/He often talks about the weather.（彼は天気についてよく話している）

26

▶ usually 「いつもどおりに」 カジュアル・フォーマル

用法① usuallyは生活習慣について話すときに使う
例えば、He often talks about the weather. と言うと、「彼は頻繁に（例えば、毎日必ず1回）天気について話します」と頻度を強調しているニュアンス。He usually talks about the weather. というと、「生活習慣のように、とにかく口を開くと天気について話している」というニュアンス。

用法② 相手に頻度を聞くことはできない語
用法①から明確だが、How often do you...?という質問に対してusually（生活習慣としての「いつもどおり」）を使うのは不自然。What do you do on the weekend?（週末は何をしますか）のような生活習慣に関する質問の回答として使うのにusuallyは適している。

▶ frequently 「頻繁に」 ややフォーマル

用法① 具体的な時間帯に「頻繁に」起こるニュアンス
frequently の名詞形は、物理学的な意味もある frequency「周波数」。そこから frequently は「具体的な、決まっている時間帯にしばしば起こる」というイメージ。

用法② oftenよりもややフォーマル
副詞なので形容詞と動詞を修飾する。oftenよりもやや堅苦しい場面で使う。
例えば、会社で人事部が従業員を評価する場合に適した表現は frequently comes in late。一方で、frequently を often に変えて often comes in late とすると同僚の行動を説明するときに適した表現となる。

▶ normally, routinely 「日常的に」 ややフォーマル

用法① routinelyは「決まっていることとして日常的に」の意味
routinely の名詞はroutine（ルーティーン）で、決まっている生活習慣という意味。
例：I routinely jog in the mornings.（［決まっていることとして］朝にジョギングします）
routinely は usually や normally よりも「決まっていること」というニュアンス。

用法② usuallyと同じ程度の頻度を表す
normallyの形容詞はnormal（普通）で、「普通に」という意味。I normally jog in the mornings. だと、usuallyと同じ程度、「生活習慣として朝にジョギングしている」という意味。

COLUMN
● 頻度の違いによる使い分け方
「どれくらいの頻度なのか？」という観点でも使い分けができます。
● 60%くらいの頻度・・・often ● 80%くらいの頻度・・・usually ● 日常的に・・・routinely

008 まれに

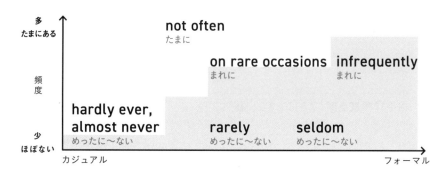

違いがわかる例文

- I don't often ride the bus to work, but I decided to today.
  いつもは職場に行くのにバスには乗らないんだけど、今日は乗ることにしたんだ。

- Natural disasters of this scale occur only infrequently, perhaps once every ten years.
  この規模の自然災害はごくまれにしか発生しません。恐らく1年に1回程度です。

- I rarely eat fast food, as I consider it unhealthy.
  不健康だと思うので、私はめったにファーストフードを食べません。

- He hardly ever says anything kind.
  彼は親切なことを言ったためしがないよ。

▶ not often「たまに」 カジュアル・フォーマル

用法① oftenの逆の意味として使う

not often は often の真逆の意味としてのみ使う。 次のような流れで使うことが多い。

例：How often do you go out to dinner?（夕食に外食はどのくらい行く?）

──Not often, maybe once or twice a month.（たまにだよ、月に2回か1回くらいかな。）

用法② 「普段していることではない」ことを表すのに使える

これからしようとしていることが普段はしないようなことである場合、don't do this often という表現を使う。

例：I don't do this <u>often</u>, but I really want to tell you how beautiful you are. Can I buy you a drink?（こんなことあまりしないけど、あなたは本当に美人だよ。1杯おごってもいい?）

▶ infrequently「まれに」 やややフォーマル

用法① フォーマルでニュースなどでよく使う語
not often「たまに」よりも頻度が少ないイメージ。使う場面もやややフォーマルで堅い印象が伝わる。**ニュースなどでよく使われる**語。

用法② only infrequentlyで「頻度の少なさ」を強調する
例：If you only infrequently read the newspaper, you won't be an informed voter.（もしあなたが新聞をまれにしか読まないのであれば、知識のある選挙人にはならない）

用法③ 一緒に使うことが多い動詞が決まっている
occurs（起こる）、happens（起こる）、appears（出てくる）、takes place（行う）などと一緒に使う。
例：This event takes place infrequently, approximately once or twice a decade.（このイベントは、10年に1度か2度、まれに開催される）

▶ rarely, seldom「めったに〜ない」
on rare occasions「まれに」 カジュアル・フォーマル

用法① rarelyは「めったに〜ない」、on rare occasionsは「まれに」
rarelyの形容詞はrare（まれ）。rarelyは「めったに〜ない」と**否定の意味**がある。on rare occasionsを使うと、若干ニュアンスが変わる。rarelyが「めったに…ない」と否定の意味があるのに対しon rare occasionsはinfrequently（まれに）に近い。

用法② フォーマルな文章、特に文学表現で倒置法で使う
seldomとrarelyを文頭にもってきて**倒置法で使う場合**がある。そのとき、疑問文の形が後にくる。例えば、He rarely[seldom] goes to bed without drinking a glass of fine wine. という文を倒置法でRarely[seldom] does he go to bed without drinking a glass of fine wine. と表現する。他の副詞と同様に、動詞と目的語（前置詞）の間にrarelyやseldomは置かない。なお、**seldomのほうがrarelyより少しフォーマル**。
例：I rarely go out to dinner.（× I go rarely out to dinner.）

▶ hardly ever, almost never「めったに〜ない」 ややカジュアル

用法① どちらも「めったに〜ない」という意味
hardly everもalmost neverもほぼ同じ意味で「めったにない」。副詞のhardly（あまり）+副詞のever（at any time=1度だけでも）でhardly ever。everはHave you ever...?のような完了形の疑問文でよく使われるが、**hardly everは過去・現在のことに使える**。
例：I hardly ever went/go shopping.（めったに買い物には行かなかった／行かない）

ほかの表現

• scarcely「ほとんど〜ない」
He is scarcely aware of how much trouble he causes!（彼はみんなにどれほど迷惑をかけているかがほとんど気づかない！）

009 たまに・時々

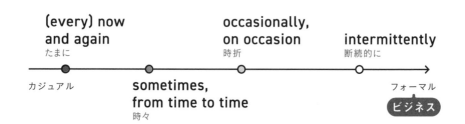

(every) now and again たまに	**occasionally, on occasion** 時折	**intermittently** 断続的に

カジュアル　　　　　**sometimes, from time to time**　時々　　　　フォーマル　ビジネス

違いがわかる例文

- **Every now and again** I like to go to the beach.
  たまに海に行きたくなるんだよね。

- **Sometimes** I go for a jog in the morning, and **sometimes** I don't.
  朝、ジョギングをする時もあれば、しない時もあります。

- She stops by **occasionally**, maybe once a month or so.
  彼女は**時折**、立ち寄ります。たぶん、月に1回かそこらです。

- The team meets **intermittently** to discuss ideas and troubleshoot.
  そのチームは**合間合間に**アイデアを話し合ったり、トラブル対応をしたりするために集まります。

▶ (every) now and again 「たまに」 カジュアル

用法① 主に日常会話で使う語
sometimes の代わりに、**主に日常会話で使われることが多い**。every はなくても良い。
用法② 文頭か文末に使うことが多い
now や again を使うときと同様に、**文頭か文末のいずれかに使うことが多い**。次の3つの英文はいずれも同じ「時々、踊りたい気分になるの」という意味の文。
例：Now and again I feel like dancing./I feel like dancing now and again./I sometimes feel like dancing.

▶ sometimes, from time to time 「時々」 カジュアル・フォーマル

用法① sometimesとsome timeやsometimeを混同しないように
sometimes は**カジュアルでもフォーマルでも使われる一般的な語**。sometime（いつか）や some time（時間）と混同しないように注意。それぞれの用法は次の通り。I'd like to

meet you <u>sometime</u> in the near future.（いつかわからないけど、近いうち会いたい）、I need <u>some time</u> to finish the project.（そのプロジェクトを終わらせるのには時間が必要です）

用法② 文頭か文末に使うことが多いfrom time to time

from time to time は前置詞の fromとto から作られた表現のため、now and again と同じように**文頭か文末に使うことが多い**。一方、**sometimes** は often のような頻度を表す副詞と同様、**文中（動詞と目的語の間はNG）に使うことが多い**。

▶ occasionally, on occasion「時折」 やややフォーマル

用法① sometimesよりも少し頻度が低いニュアンス

名詞occasion は「機会」という意味で、形容詞は occasional、副詞は occasionally となる。前置詞の on+occasion で「機会があれば」という意味。**sometimes の「たまに」が50%くらいの頻度と考えたときに occasionally/on occasion は40%ぐらいの感覚。sometimes よりも若干頻度が低い**ニュアンス。

用法② occasionallyは文中、on occasionは文頭か文末での使用が多い

例えば、「私たちは時折、朝に打ち合わせをします」という英文は、We <u>occasionally</u> have meetings in the morning.／We have meetings in the morning <u>on occasion</u>. のように使う。

▶ intermittently「断続的に」 フォーマル

用法① 「途切れる」ニュアンスがある

intermittent は「一時的に止まる、断続的」という形容詞で、その副詞がintermittently。副詞として使うと、**「時々途切れながら」、「たまに」**という意味になる。

用法② occasionallyと意味が異なることがあるので注意

以下の例文のように、intermittently（intermittent）と occasionally（occasional）は、その意味の違いから、置き換えられない場合があるので注意しよう。また、**occasionally のほうが一般的な語でintermittently のほうが少し硬い語**。

例：Tomorrow it will rain <u>intermittently</u>.
= There will be <u>intermittent</u> rain tomorrow.（明日は断続的に雨が降るでしょう）
It rains <u>occasionally</u> in this area.
= This area has <u>occasional</u> rain.（この周辺では、たまに雨が降る）

ほかの表現

- sporadically「散発的に、折に触れて」
  The two of them meet up sporadically.（2人は折に触れて会っている）
- at times「時々」
  At times I wanted to run away.（ときには、逃げ出したくなることもありました）

almost
ほとんど

nearly
ほぼ

practically
(…も)同然、実質的に

カジュアル

more or less
多かれ少なかれ

フォーマル

違いがわかる例文

- I'm **almost** ready; give me just a few more moments to arrange my hair.
  ほとんど用意できてるから、髪の毛を整えるのにあと数分だけちょうだい。

- This draft is very **nearly** ready, but I still need to put some finishing touches on it.
  原稿はもうほぼできてるんだけど、最後の仕上げがもう少し必要なんだ。

- He's **more or less** made up his mind about what he wants to do with his life, but he hasn't taken any action.
  彼は多かれ少なかれ今後の方向性を決めてはいるものの、まだ何も行動を起こしていません。

- This car is **practically** a piece of junk. Not only are the windows cracked, the air conditioning doesn't work.
  この車はゴミ同然ですね。窓にヒビが入っているだけでなく、エアコンも作動しないのです。

▶ almost「ほとんど」 や/カジュアル

用法① 進捗や想定、数字と一緒に使う

進み具合（例：almost finished）、想定（例：almost 10 o'clock）、数字（例：almost 15 years old）と一緒に使って「ほとんど」という意味。これはnearlyも同じ。

用法② almost likeで「同じのようだが、違う」

It was <u>almost like</u> a song.（歌のようだった）は「本当に歌ではないが、それくらいのことだ」というニュアンス。more or less like... やpractically like... もlikeと一緒に使い、同じ意味があるが、やや堅い。

用法③ almost+否定で「ほとんど～ない」

nearlyにこの用法はない。

例：<u>Almost no one</u> came to the party.（そのパーティには、ほとんど誰も来なかった）
　　I'm <u>almost never</u> late to work.（私は仕事に遅刻したことはほとんどない）

▶ nearly 「ほとんど、ほぼ」 カジュアル・フォーマル

用法① nearは「近い」、almostは「同じようだが、違う」の意味
near「近い」の派生語なので「近い」ニュアンス。そのためalmostのような「同じようだが違う」という意味はない。したがって**否定文で使えない**。

用法② 使い方次第ではalmostのほうがnearより「近い」
例えば、almost 10:00と言うと9:57、nearly 10:00だと9:48というイメージ。ただし個人差もあり、アメリカ英語ではnearlyよりalmostを使うことも多い。文脈により異なる。

用法③ veryと一緒に使うことが多い
例えばWe're very nearly ready to start the party.（私たちは、そのパーティを始める準備がほぼできている）のようにveryを使ってnearlyを強調する（very almostとは言わない）。

▶ more or less 「多かれ少なかれ、おおよそ」 カジュアル・フォーマル

用法① 「少し多い」、近い数字や時間であることがある
数字や時間と一緒に使うとき**「少し多い」ニュアンス**になることがある（nearlyとalmostはやや少ない）。例えば、She weighs 60 kilograms, more or less. と言うと、彼女は58キロかもしれないし、62キロかもしれない。

用法② to some degree（ある程度）と同じ意味でも使える
例：Enjoying your life overseas is more or less a matter of adopting a positive attitude.（海外生活を楽しむことは、ある程度前向きな態度をとることと同じことである）

▶ practically 「実質的に」 ややフォーマル

用法① 「実質的に言うと」というニュアンスが加わる
almostと用法はほぼ同じだが、「実質的に言うと」というニュアンスが加わる。
例：This computer is practically a pile of junk.（このコンピューターはゴミ同然だ）

COLUMN

• almostとmost of
高校2年の英語の授業で、almostとmost ofの使い方を習いました。似た表現なので、その攻略に苦戦した記憶があります。当時の私は攻略の手段としてとにかく深く考えず何度もこのフレーズを声に出し、体で覚えることにしましたが、ここではもう1度用法を整理してみましょう。
①Almost all the people、②Most of the peopleはどちらも似た表現ですが、Almost people とは言いません。また、ofを抜かしたMost peopleの場合、冠詞のtheを伴わないのでpeopleが「どの人々なのかを特定しない」ことから、「とにかく多くの人」という意味になります。一方で、Most of the peopleは、peopleが「どの人々なのかを特定したい」ときに、限定詞（冠詞）のtheを伴って使われます。高校時代の筆者のように、英語をスポーツのように「反復練習の繰り返しによって体で覚える」ことも重要ですが、こうして一度しっかりと文法に向き合うことも大切ですね。

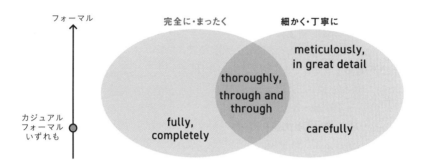

フォーマル

完全に・まったく　　　　　　　細かく・丁寧に

meticulously,
in great detail

thoroughly,
through and
through

カジュアル
フォーマル
いずれも

fully,
completely

carefully

違いがわかる例文

- He's **completely** engaged in the task, which is apparent in the quality of his work.

  彼が**徹底的に**その業務に取り組んだのは、その仕事の品質からも明らかだね。

- The professor asked his students to read the text **thoroughly** in preparation for the exam.

  教授は生徒に、試験対策として教科書を**とことん**読み込むように言った。

- Set the dish down **carefully** to avoid breaking it.

  割れないように**慎重に**お皿を置きなさい。

- Each item is **meticulously** crafted by hand.

  それぞれの商品は**細心の注意を払って**手作業でつくられています。

▶ fully, completely 「完全に、すっかり」 カジュアル・フォーマル

用法① fullyはフォーマルな文中で「〜にまで」の意味がある

fully はフォーマルな文脈で「〜にまで」という意味も（completelyにこの意味はない）。

例：The tax increase impacts <u>fully</u> 40% of the population. （増税は人口の40%にまで影響している）

用法② 相性のいい動詞・形容詞との組み合わせがある

<u>completely</u> exhausted（すっかり疲れている）（fully exhaustedも間違いではない）、<u>fully</u> equipped（設備が充実した）など（completely equippedも間違いではないが圧倒的にfully equippedと言ったほうが自然）。

▶ thoroughly, through and through「徹底的に、徹頭徹尾」

ややフォーマル

用法① fullyやcompletelyと同じ「完全に、徹底的に」の意味

「すっかり疲れている」はthoroughly exhaustedまたはexhausted through and through とも言う。ただし、through and throughは形容詞のあとにくるので注意。

用法② 「すべて丁寧に」というニュアンスがある

「完全に、細かく、丁寧に」という意味も。例えば、Be sure to check the work thoroughly./Be sure to check the work through and through.(その仕事を徹底的に確認 するように)で「すべて丁寧に」というニュアンスが伝わる。thoroughlyとthrough and throughをcompletelyやfullyに置き換えるのは不自然。

▶ carefully「念入りに、注意深く」 カジュアル・フォーマル

用法① 「注意深く、念入りに」というニュアンスが強い

例：Fill out this form carefully.(注意を払いながらこのフォームを記入してください)

Fill out this form completely and carefully.のように2語を並列して使用することもある。 Fill out this form thoroughly.も同様のニュアンス。

▶ in great detail, meticulously「慎重な、几帳面な」 フォーマル

用法① 「細心の注意を払う」というニュアンスが強い

carefullyの代わりにin great detailやmeticulouslyを使う場合がある。

用法② in great detailは動作動詞と一緒に使うことが多い

in great detailは「人に見せる・説明する」ことを表す**動作動詞のwrite(書く)や explain(説明する)、draw(描く)などの動詞と使うことが多い**。

例：The artist painted the trees around the house in great detail.

The artist meticulously painted the trees around the house.

(その芸術家は家の周りの木に几帳面に絵を描いた)

用法③ meticulouslyは相性のいい動詞や形容詞がある

meticulouslyは形容詞・動詞のcleanや動詞のpore over(凝視する)、check(チェックす る)、weave(織る)のような**細かい作業が必要な動詞と一緒に使うことも多い**。

ほかの表現

- inside and out「徹底的に」
  She knows her work inside and out. (彼女は仕事の酸いも甘いも知り尽くしている)
- conscientiously「入念に」
  We take pride in doing our work conscientiously. (念入りに仕事をすることに誇りを持っ ています)

012 最終的に・結論として・ようやく

	vocabulary	イメージ
カジュアル フォーマル いずれも	**finally**	時間が経って、困難を乗り越えて「ようやく、最終的に」
	in the end	長い議論や多くの変更などの後「ようやく、最終的に、結局」
	at last	我慢して、待って「ようやく、ついに」
フォーマル	**in conclusion**	論文や発表のみで使う語として「結論として」

違いがわかる例文

- After overcoming several obstacles during the research phase, he **finally** finished writing his thesis.
  調査段階でのいくつかの障害を乗り越えて、彼は**ようやく**論文を完成させた。

- **In the end**, all that really matters is that you gave it your best effort.
  結局本当に重要なのは、あなた自身が努力をするということです。

- "Free **at last!**" is one of the most famous lines from "I Have a Dream," a 1963 speech by Martin Luther King, Jr.
  「**ついに**自由だ!」は、キング牧師の1963年の有名な演説「私には夢がある」の中の最も有名なくだりです。

- **In conclusion**, for the reasons mentioned above, the melting of the Arctic snowcaps is the most important factor affecting sea levels.
  結論として、先に言及した理由から、北極圏の雪の溶解が海水位に影響する最も重要な要素です。

▶ finally「ついに」 カジュアル・フォーマル

用法① finallyは「とうとう、やっと」という意味で日常会話でよく使う語

例: A: I'm so glad that project is over.（そのプロジェクトが終わって本当に嬉しいよ）
B: Finally! That was rough going for a while.（ついに!しばらくの間大変だったね）
At lastでも良いが、finally は「**（そのプロジェクトで）様々な困難があった**」ニュアンス。

用法② finallyは「最終的に」という意味もある

例: What finally matters isn't money or career but love.（最終的な問題は、お金や仕事ではなく愛だ）
様々な困難を乗り越えて、最終的にお金や仕事ではなく愛に意味があるとわかった。

用法③ 順番としての「最後に」という意味でもfinallyを使う

例えば、**発表の最後に締めくくる言葉**として、Finally, I want to thank everyone who gathered here tonight to hear me speak.（最後に、今夜ここに私の話を聞いていただくためにお集まりいただいた皆様に感謝申し上げます）のように使う。

用法④ finallyを挿入する位置に注意しよう

他の副詞と同様、①He <u>finally</u> left. のように主語と動詞の間、②I can <u>finally</u> breathe.（やっと息ができる）のように助動詞と動詞の間、③I am <u>finally</u> free.（ついに自由だ）のようにbe動詞の後にfinallyを挿入することが多い。

▶ in the end 「結局は、ついに」 カジュアル・フォーマル

用法① in the endは、「様々な議論や変更を経て、結局は」という意味

in the end は様々な議論や変更があったあと、「最終的に」。副詞ではないため、**文頭・文末、または、動詞の近くに置くことが多い**。

例：We decided <u>in the end</u> to close the factory./<u>In the end</u>, we decided to close the factory. →様々な議論が行われた後、最終的に工場を閉鎖することにした。

▶ at last 「最後に、とうとう」 ややフォーマル

用法① at lastは「（我慢して待ったあと、やっと良いことがあって）ついに」という意味

Mary finally finished the project!= Mary finished the project <u>at last</u>! のように使える。プロジェクトが辛かったというより、終わったことがとにかく嬉しいというニュアンス。副詞ではないため（前置詞＋目的語の組み合わせ）**文頭・文末・動詞の近くに置く**。

▶ in conclusion 「結論として」 フォーマル

用法① in conclusionは、論文や発表で「結論として」と使うことが多い

論題を支えるいくつかの点について述べたあと、最後にIn conclusion,... と使う。
また、長い発表のあと、<u>In conclusion</u>, I'd like to thank all of you for gathering here today.（最後に、本日ここにお集まりの皆様に感謝を申し上げます）のように使い、このIn conclusion は、Finallyと置き換えることができる。

ほ か の 表 現

- ultimately「最終的に、究極的には」
  Ultimately, the choice is yours to make. No one else can decide for you.（最終的には、あなた自身が選択をするしかありませんよ。誰もあなたの代わりに決定を下すことはできないのです）

- eventually「ついに」
  We got lost along the way but eventually arrived.（途中で道に迷いましたが、ついに到着しました）

013 すぐ

	vocabulary	イメージ
速い ↑	at once	ただちに、同時に
	immediately	ただちに、距離や時間が近い
	momentarily	ほんのしばらく、瞬間的に
↓ 遅い	soon	すぐに

違いがわかる例文

- Don't try to do everything **at once**; take things one task at a time.
  1度にすべてをやろうと思わないで。1回に1つのタスクだけを行うようにしなさい。

- I'll take care of this task **immediately**.
  ただちにこの業務に取り掛かります。

- I got distracted **momentarily**, but I'm back on task now.
  ほんの束の間、気が散ってしまいましたが、今は仕事に戻ってます。

- I'll do this task as **soon** as I have time.
  時間が出来次第、この仕事をします。

▶ at once 「すぐに、ただちに」 カジュアル・フォーマル

用法① at onceはビジネスで「すぐに（やります）」と言うときに適切
「ただちに」という意味でimmediatelyと似ている表現。上司に緊急の仕事を依頼されて「すぐにやります」と言うときは、I'll do this <u>at once</u>. とするのが良い。
用法② at onceは「同時に」という意味もある
例：Many things happened all <u>at once</u>.（たくさんのことが、すべて同時に起きた）
ただしこの場合、at onceをimmediatelyに置き換えることはできない。

▶ immediately 「ただちに、早速」 カジュアル・フォーマル

用法① immediatelyは「ただちに、すぐに」という意味
at onceの用法①と同じ意味で、I'll do this immediately.＝I'll do this at once. と使える。
用法② immediatelyは「時間と距離が近い」という意味もある
at onceにこの意味はない。例えば、If you keep going down the street, the bank is <u>immediately</u> after the post office.（その道をまっすぐ降りていくと、郵便局のすぐ後ろに銀行がある）のように使うこともできる。

▶ momentarily 「瞬間的に、ほんのしばらく、今か今かと」 やややフォーマル

用法① momentarilyはat onceやimmediatelyよりも少し遅いニュアンス

「ただちに」より、**「ほんのしばらく」という意味が適切**。I'll do this <u>momentarily</u>, after I finish writing another email.（他のメールを書き終えたあと、少ししてからこっちをやります）のように使う場合もある。この場合、at once や immediately を置き換えるのは不自然。

用法② momentarilyは「一瞬で」という意味もある

名詞moment「一瞬」から、「一瞬で、瞬間的に」という意味もある。

例：I was <u>momentarily</u> distracted by a phone call, but now I'm ready to work.（電話の着信で一瞬気を取られたが、今は仕事の準備ができている）

▶ soon 「すぐに」 カジュアル・フォーマル

用法① soonは「すぐに」という意味

soon は、at once, immediately, momentarilyより遅い「すぐに」。例えば、上司に緊急の仕事を依頼されて、I'll do it soon. と言うと緊急性を感じていないと受けとめられることもある。soonを使って適切に返事するとするならば、次のように返すのが良いだろう。

例：I'll do it <u>as soon as</u> I finish this other urgent task.（この別の緊急の仕事が終わり次第、すぐにそれをします）

→緊急だとわかるが、その前に既に別の緊急の仕事がある場合はこう答えても良い。

例：I'll do this <u>as soon as possible</u>.（できるだけすぐにこれをやります）

→できるだけ早くやる、ということが伝わる。緊急の仕事を頼まれたら、こう使おう。

用法② 急ぎの程度を聞くときにsoonが使える

How soon can you get this done?（どの程度早くこれを終わらせられますか）のように、How soon...?で急ぎの頻度を聞くことができる。When do you think you can get this done?（これを、いつ終わらせられると思いますか）と聞くよりも How soon...? を使ったほうが、**緊急性を表現できる**。

ほかの表現

- right away 「さっさと」
  I'll call her right away.（すぐに、彼女に電話します）
- swiftly 「迅速に」
  I'll take care of this matter swiftly.（迅速に、この問題に対処します）

vocabulary	イメージ
especially	I like Japanese food, **especially** soba. →和食全般が好きですが、その中でもそばが好きです。
particularly	I like Japanese food, **particularly** soba. →和食は好きですが、特にそばが好きです。
specifically	I eat Japanese food, **specifically** soba, every night. →和食、具体的にはそばを、毎晩食べます。
importantly	I like Japanese food. **Importantly,** just like your CEO, I like soba. →和食は好きですよ。特に、御社の社長と同様に、私もそばが好きです。

違いがわかる例文

- Our customers rave about all of our baked goods, **especially** the muffins.

  お客様は、うちの焼き菓子をすべて絶賛してますが、中でもマフィンを絶賛されます。

- This cleaning product is **particularly** suitable for working parents who are too busy to do housework.

  この掃除道具は、特に忙しくて家事をする時間のない親御さんにピッタリです。

- I **specifically** want to highlight the hard work and determination of the younger members of the team.

  私は、若いチームメンバーの勤勉さと決断力に、とりわけ注目したいと思います。

- You should wear a helmet when you ride a bicycle. It's the law, and more **importantly**, it could save your life.

  自転車に乗るときはヘルメットを被りなさい。法律で定められていることであり、なによりあなたの命を守ることです。

■ especially 「特に、特別に」 ややフォーマル

用法① especiallyは「特別に」という意味

especiallyは形容詞 special「特別」からきている語であるため、**「特別に」というニュアンスが最も近い。フォーマルな発表の場**などで下記の例のように使うことも多い。

例： I <u>especially</u> want to express my gratitude to the people who traveled from distant places just to gather here.（遠いところから、こちらにお越しいただいた方々に感謝の意を

特別に表したいと思います）

用法② especiallyは「とりわけ〜」を強調したいときに使う

例えば、I'm especially good at English.（英語は特に得意です）と言うと、その他の科目や言語も得意かもしれないが、とりわけ英語が得意だということを強調していることが伝わる。

▶ particularly 「特に、とりわけ」 ややフォーマル

用法① particularは「特定して、とりわけ」というニュアンスが強い

副詞particularlyは「独特」という意味の形容詞particularからくる語で、**「特定する」というニュアンスが強い**。ビジネスシーンではparticularly suited[suitable]と使うことが多い。

例：This product is particularly suited to women in their thirties.（この製品は、30代の女性にとりわけ向いています）

用法② particularly+［形容詞］または+［副詞］で「普通以上に」という意味

例：Take a particularly close look at this part.（この部分を特に注意して見てください）

この部分を特別に、他のところより細かく見てくださいというニュアンス。この意味でparticularlyの代わりにspecificallyとimportantlyを置き換えることはできない。

▶ specifically 「とりわけ」 ややフォーマル

用法① specificallyは「とりわけ」という意味で具体的に特定した内容を表す語

例：I want to go to Europe, specifically France.（ヨーロッパに行きたい、とりわけフランスに行きたい）

用法② specificallyは「具体的に言うと」という意味もある

例：The people specifically mentioned in the police report weren't in attendance.（警察の報告で具体的に言及されていた人々は出席しなかった）

specificallyの代わりにparticularlyやimportantly、especiallyを置き換えることはない。

▶ importantly 「重大なことに」 ややフォーマル

用法① importantlyは「重要なことに」という意味で論文や発表で使うことが多い

次に述べる点が特に重要、ということを表すときに「重要なことに」という意味で、**論文や発表で使うことが多い**語。More importantly,...「さらに重要なことに」、Most importantly,...「最も重要なことに」のように使うことが多い。

ほかの表現

- notably「目立つほどに」
  The CEO was notably absent from the meeting of the board of directors.（CEOは取締役会での欠席が目立った）

vocabulary	イメージ
similarly	「(見た目や状態が)同様に、類似して」
likewise	「(私も)同じように」「また」
in addition	「加えて、そのうえ」
furthermore	「(同じ理由で)そのうえ」
moreover	「(違う理由で)さらに」

違いがわかる例文

- Since the identical twins dress and wear their hair **similarly**, it's quite difficult to tell them apart.
  その一卵性の双子は服装も髪型も**似ている**ため、2人を見分けるのは非常に難しい。

- Saturn is orbited by numerous and diverse moons. Jupiter is **likewise** orbited by several moons of varying size.
  土星の周りには数えきれないほどの多種多様な衛星が周回している。木星の周りも**また**、様々な大きさの衛星が数個、その軌道を周回している。

- The student is trying to learn new vocabulary **in addition to** improving her pronunciation.
  その生徒は発音の向上に**加え**、新しい語彙も学ぼうとしている。

- Self-driving cars prevent crashes due to human behavior. **Moreover,** they reduce harmful emissions by decreasing traffic congestion.
  自動運転車は人間行動に起因する衝突を防止します。**また**、交通渋滞を減らすことにより、排気ガスも減少させます。

▶ similarly 「同様に、類似して」 ややフォーマル

用法① similarlyはsimilarが由来で、「類似して」「同様に」という意味
副詞 similarly は My friend and I are dressed similarly.(友人と私は似た服を着ている) のように **「見た目が似ている」** ときに使う。また、見た目ではなく **「状態が同じ」** という意味で使う場合は、**論文で登場することが多い**。

▶ likewise「同じように」 ややフォーマル

用法① likewiseはsimilarlyと似た使い方もできる

下記のように文中で使ったり、文頭や文中にlikewiseやsimilarly, を置いて使える。

例：Severe Acute Respiratory Syndrome (SARS) is <u>likewise</u> thought to be of zoonotic origin.（サーズも同様に動物由来感染症だと考えられている）

用法② similarlyと違い、likewiseは「見た目が」似ていることには使わない

A: It's a pleasure seeing you today.（今日会えて嬉しいよ）

B: <u>Likewise</u>.（私も同じです）

用法③ likewiseはalsoと同じ意味で使うことがある

She is smart and <u>likewise</u> dresses well.（彼女は賢くて、おしゃれだ）は、「同じく」よりも「また」というニュアンスが近い。この用法ではsimilarlyを置き換えることができない。

▶ In addition「加えて」 フォーマル・論文

用法① In additionは文頭で使う

<u>In addition</u>, it's important to consider that...（その上、…を考えることが重要である）のように文頭でIn addition, を使う表現は論文でよく使う。

用法② In addition to...「〜に加えて」という使い方も多い

<u>In addition</u> to being smart, she dresses well.（彼女は賢いうえに、おしゃれだ）のように使う。文中で使って、She dresses well <u>in addition</u> to being smart.と言うこともできる。

▶ Moreover, Furthermore「さらに」 フォーマル・論文

用法① Furthermoreは「同じ理由」をさらに加えるときに、Moreoverは「異なる理由」をさらに加えるときに使う

MoreoverとFurthermoreはいずれも「さらに」という意味で、**フォーマルな文章中で使うのに適している語**だが、使い方が若干異なる。

Alsoは情報を追加するのみ。**Furthermoreは情報を追加するだけでなく、さらに同じ理由で議論を進めるときに使う。Moreoverは、理由の種類が異なる場合に使う。**

COLUMN

● 様々な「また」の言い方

英語でのエッセイの練習中に筆者が個人的にとても苦労したのは、並列表現のバリエーションでした。ついつい楽に"and"で繋いでしまおうとする私は、いつも先生から"Don't be a lazy girl!"と叱られていました。日本語の文章でも便利だからといって「また」ばかりが頻出することはありませんよね。場面に応じて「それから」、「及び」や「並びに」など様々な表現の使い分けをしているかと思います。英語でも同じことが言えます。ここでは4つの副詞を紹介していますが、その他にも簡単な接続詞（so, as, もちろんandも）がありますので、使いこなしてくださいね。

環境・気分・ものを
描写する表現36

違いがわかる例文

- I'm **happy** with my new job.
  新しい仕事に**満足**しています。

- I'm **glad** you enjoyed what I wrote.
  私の書いたものを楽しんでいただけたようで**嬉しい**です。

- I was **delighted** to see her at the party.
  パーティーで彼女に会えて**本当に嬉しかった**。

- I'm **overjoyed** to hear about your marriage.
  あなたの結婚の知らせに、私は**大喜び**した。

▶ happy「嬉しい」

用法① happyは「喜びだけでなく、幸せ」全般にも使える語
happy は物事に対する喜びだけでなく、「幸せ」全般を表すときに使える語。例えば happy disposition「幸せな性質」のように状態などにも使う（→用法③）。
用法② happy+［前置詞］または、happy+［to不定詞］で「〜について嬉しい」と使う
・happy with...「〜に満足している」。satisfied with...「〜に満足している」や pleased with... とも似た使い方。**例**：I'm <u>happy with</u> your work.（私は、あなたの仕事に満足している）
・happy about...「〜について嬉しい」。**例**：I'm <u>happy about</u> everything.（すべてのことに嬉しく思う）
・happy for［人］...「［人］の（出来事など）で嬉しく思う」。**例**：I'm <u>happy for</u> you.（あなたのことで嬉しく思います）
・happy to不定詞「〜して嬉しく思う」。**例**：I'm <u>happy to</u> hear that.（それを聞いて嬉しく思う）

用法③ happyは気分だけでなく、環境・物事・状態を描写することもできる

例：He grew up in a <u>happy</u> home.（彼は幸せな家庭で育った）

▶ glad「嬉しい」 カジュアル・フォーマル

用法① glad+［前置詞］またはglad+［to不定詞］で「～について嬉しく思う」と使う

例：I'm <u>glad to</u> learn that about you.（あなたのことについてそれを知れて嬉しく思います）

I'm <u>glad about</u> that.（それについて嬉しく思います）

glad with... と glad about... のいずれの前置詞も一緒に使えるが、筆者の個人的な語感では、**glad aboutを使うほうが glad with よりもナチュラル**（前置詞の使い方は、ネイティブスピーカの中でも個人差がある）。

▶ pleased, delighted「喜ぶ、喜ばしい」 カジュアル・フォーマル

用法① pleasedもdelightedもあいさつでよく使う

「お会いできて、嬉しく思います」という意味で、I'm pleased to meet you. や I'm delighted to meet you. をよく使う。**delightedのほうが pleased より喜びが強い印象**になる。

用法② pleased withやdelighted to不定詞という使い方が多い

例：I'm <u>delighted to</u> have run into you today.（今日、会えて本当に良かった）

I'm <u>pleased with</u> your work.（あなたの仕事に満足していて、嬉しく思っている）

注意：pleased with... は happy with... と同様、「～に満足している（satisfied with...）」に近い（反対語の displeased と dissatisfied を「残念な」（020）で参照のこと）。**pleased や happyよりも嬉しいとき、delighted with も使える。**

▶ overjoyed, ecstatic「舞い上がっている、有頂天だ」 カジュアル・フォーマル

用法① overjoyedもecstaticも「大喜び!」という意味

overjoyed は joy（喜び）+over（超える）で**「喜びがあふれている」**イメージ。

例：Your friend: Tom and I are getting married!（トムと私、結婚するの！）

You: I'm <u>overjoyed[ecstatic]</u> to hear that news!（そのニュースを聞いて舞い上がってる！）

pleased や delightedよりも喜びが強いニュアンス。

COLUMN

● 吾唯足知

京都の龍安寺のつくばい（a stone water basin）には、次の漢字が刻まれています。「吾唯足知」。これは「吾れ（われ）唯（ただ）足る事を知る」と読みます。自分の身分をわきまえて、欲張らないことという意味で、仏教や茶道の神髄の言葉と言われています。どうやって「吾唯足知」を英語に訳すでしょうか。筆者は大先輩の通訳案内士の方から、こんな表現を教わりました。"I know only to be content." content は「満足している」、「喜んで受け入れる」。とてもスマートなフレーズで、筆者はお気に入りなので、皆さんも龍安寺にお越しの際は使ってみてくださいね。

vocabulary	相性の良い語の種類
same	全般的にOK
equal	数学・科学・重要度・可能性などでも
equivalent	重要度・「意味」が同じである場合
identical	identical twins「一卵性双生児」のイメージ。まったく同じ質である場合

カジュアル
カジュアル フォーマル いずれも
フォーマル

違いがわかる例文

- "Reign" and "rain" share the **same** pronunciation but have different meanings.
  reign（治世）とrain（雨）は同じ発音ですが、意味は違います。

- These two issues are of **equal** importance to the community.
  これら2つの課題は地域社会にとって同様に重要です。

- You need to have a Master's Degree in Education or **equivalent** teaching experience to qualify for the position.
  このポジションには、教育の修士号か、それと同等の教師経験が求められます。

- **Identical** twins separated at birth often share the same taste in music.
  一卵性双生児は、往々にして音楽の思考が同じになります。

▶ same「同じ」 ややカジュアル

用法① 形容詞sameは通常theやthis/that/thoseなどと一緒に使う
形容詞same は通常「特定する」という意味で、**定冠詞the や指示代名詞this, that, those と一緒に使う。**

例：You just said the same thing two minutes ago.（2分前に全く同じことを言っていたよ）
I'm tired of dealing with this same problem day in and day out.（毎日同じ問題に対応するのが嫌になってきた）

用法② 代名詞としてのsame
代名詞としての用法もある。代名詞として使うときはsame+as+[名詞] となることも多い。

例：I'll order steak.（ステーキを注文します）── I'll have the same.（私もステーキでお願いします）/That's the same as the one I have.（それは私のと同じものです）

▶ equal「等しい、同等の」 カジュアル・フォーマル

用法① 足し算の答えにequal
例えば、2+2=4は英語でTwo plus two equals four.と言う。**イコール（＝）がequal。**
用法② [名詞1]+of+equal+[名詞2]＝同等の[名詞2]を持つ[名詞1]という意味
例：employees of equal intelligence（同等の知性を持つ従業員）、books of equal importance（同じ重要性を持つ本）
用法③ equal to A in Bで「Bに関してAと同じ」という意味
例：equal to him in intelligence（知力に関して彼と同じ）、equal to it in importance（重要性に関してそれと同じ）
日本語では「肩を並べる」というニュアンスが近い。

▶ equivalent「同等の、同意義の、同価値の」 ややフォーマル フォーマル

用法① 価値の同じものや同義のものに対して使う
例：You need to have a Bachelor's Degree or equivalent work experience to apply for this position.（この職に応募するには学士号を持っているか、またはそれに相当する職務経験がなければなりません）
この例のequivalentをequalやsameに置き換えることはできない。
用法② roughly equivalentで「同じくらい」
roughlyと一緒に使うことも多い（equalとsameも同じ）。sameの場合はtheを忘れずに。
例：They are roughly equivalent in ability.（能力が同じぐらいです）
They are of roughly equal value.（価値が同じぐらいです）
They are roughly the same.（同じぐらいです）

▶ identical「同一の、一致している」 ややフォーマル フォーマル

用法① 「質が同じ」というニュアンスが近い
名詞identity（アイデンティティ）からきている形容詞のため**「質が同じ」というニュアンス**が近い。わかりやすい例がidentical twins（一卵性双生児）でDNAが同じということ。
用法② 「違いが全く何もない」と思うときにも使うと自然な英語に
例：What's the difference between these two items?（この2つの違いは何？）——I have no idea. They look identical to me.（全くわからないな。僕には全く同じものに見える）

ほかの表現

- indistinguishable「区別ができない、見分けがつかない」
  ※「2つのものを比べて見分けがつかない程似ている」という形容詞
  The twins are indistinguishable from one another.（その双子は見分けがつかない程似てるよ）

hard 努力が必要で大変な
tough 努力に関係なく大変な

laborious
労力が必要で大変な

カジュアル

difficult やりにくい、気難しい
challenging 挑戦するような難しさ

フォーマル
ビジネス

違いがわかる例文

- After a **hard** day at the office, all I really want to do is go home and go to sleep.
  オフィスでの**大変な**1日の後、私がやりたいのは、ただただ家に帰って眠ることです。

- I don't think any of the students in this class can pass such a **difficult** exam.
  このクラスのどの生徒も、こんなに難しい試験に合格できるとは思いません。

- This project is **challenging** but has the potential to bring forth many rewards.
  このプロジェクトは困難なものですが、様々な利益を生む可能性があります。

- Redoing the entire marketing plan from scratch is a **laborious** job I'm not eager to tackle.
  マーケティングプランのゼロからの見直しは骨の折れる業務なので、私はあまり積極的ではありません。

▶ hard, tough 「大変な」 カジュアル

用法① いずれも物質的に「硬い」という意味がベースのイメージにある
hardもtough「難しい」の他いくつかの意味があり、**特に物質的に「硬い」という意味がある**。次の決まり文句を知っておくとイメージがつきやすい。**例**：tough as nails（非常にタフな、無慈悲な性格）、hard as a rock（岩のように硬い）。また**hardは副詞の用法もあるがtoughにはその用法はない**。**例**：Work hard, play hard.（よく学び、よく遊べ）
用法② hardには「努力」のニュアンスが加わる。toughは「大変な」という意味が近い
hardは「やりにくい・難しい」だけではなく**「努力が必要な辛さ、大変さ」というニュアンス**。toughはどちらかというと**「努力に関係なく大変だ」というニュアンス**。頑張っても頑張らなくても大変な日があるように、tough daysと言うと「頑張りに関係なく大変な日」という意味。例えばa hard day at the officeと言うと「仕事をかなり頑張った」、

a tough day at the office だと「(頑張りの有無に関わらず)とにかく大変だった」イメージ。

▶ difficult「難しい」 カジュアル・フォーマル

用法① difficultは「やりにくい」という意味が近い

例：a difficult math problem（解きにくい数学の問題）、a difficult task（やりにくい仕事）
「努力」や**「大変だ」**より、**「やりにくい」**という客観的な意味合いがある。「英語が難しい」という例文で比べるとわかりやすい。English is difficult.（英語は難しくてやりにくい）、English is hard.（英語は努力が必要で大変だ）、English is tough.（英語は大変だ）

用法②「気難しい」と人の性格を表す

人の性格を表すときにdifficultとtoughではニュアンスの違いがある。例えば**a difficult person**（気難しい人）、**a tough person**（たくましい人）という例がわかりやすい。a hard personとは言わない。ただし、いずれもperson+[to不定詞]とすると同じ意味になる。

例：a difficult/tough/hard person to get to know（親しみにくい人）

▶ challenging「挑戦的な難しさ」 カジュアル・フォーマル

用法①「挑戦するような難しさ」を表す形容詞

動詞challengeが由来なので**「挑戦するように難しい」**というニュアンス。例えばa challenging day at workは「（挑戦するような）難しい職場での1日」。English is challenging.と言うと（文法・発音などいくつかの難しさの壁を超えるような）難しさがあるという意味を含む。

▶ laborious「労力が必要で大変な」 フォーマル ビジネス

用法①「労力が必要な大変さ」を表す形容詞

名詞labor（労働・努力）の形容詞なので**「労力が必要」**というニュアンスがある。そのため例えば、English is laborious.とは使えないが、Preparing a presentation in English is laborious.（英語でプレゼンの準備をすることは大変だ）という使い方ができる。英語そのものに労力は必要ではないがpreparing（準備する）ことは労力が必要であるためだ。

COLUMN

• 外交のスピーチで使われるchallenges

外交関連や国際的な問題を論じるスピーチ等でchallengesという単語がよく使われます。例えば、以下のフレーズ、皆さんはどのように通訳（または翻訳）しますか？
Now the existing international order faces various challenges.
名詞の"challenge"には「挑戦・仕事・課題」などの意味がありますが、上記のような内容の場合は「課題」と訳すのが定番です。したがって、「今や、既存の国際秩序は様々な課題に直面しています」と訳します。外交関連のスピーチ等は難しい内容も多いですが、「この単語はこの日本語」と訳が決まっているものも多いので、みなさんもchallenge（挑戦）してみてくださいね！

019 悲しい

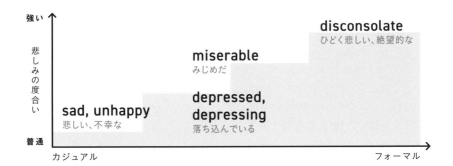

違いがわかる例文

- I'm unhappy with my child's school and looking for an alternative.
  子どもの学校に満足していないから、今、別の学校を探しているのよ。

- I can't take any more depressing news this year. I wish someone would share something light-hearted.
  今年はもうこれ以上気が滅入るニュースは受け入れられないわ。誰かが何か心温まることをシェアしてくれたらいいのにな。

- His character flaws can be explained by his miserable childhood.
  彼の性格上の欠陥は、その悲惨な幼少期から説明がつくだろう。

- She was disconsolate after the death of her husband.
  彼女はご主人の死で悲嘆に暮れました。

▶ sad, unhappy 「悲しい・不幸」 やゃカジュアル

用法① 気分を表したり、環境・物事・状態を描写することもある

例：I feel sad[unhappy] to hear that.（それを聞いて悲しい）
That's sad[unhappy] news.（それは悲しいニュースだ）

用法② 前置詞またはto不定詞と一緒に使うことも

前置詞はwithやaboutと一緒に使うことが多い。unhappy withでI'm unhappy with your work.（あなたの仕事には残念です）のように使い、満足していないニュアンスが強い。dissatisfied[displeased] with...も同じ意味。ただしsad withという言い方はないので注意。unhappy[sad] aboutでI'm unhappy[sad] about everything.（すべてのことに悲しい）のように使う。to不定詞を使ってI'm unhappy[sad] to hear that you won't be coming.（あなたが来れないと聞いて悲しい）のようにtoのあとに動詞を置く。

▶ depressed, depressing「落ち込んでいる」 カジュアル・フォーマル

用法① depressedは気分を表すとき、depressingは環境・物事・状態を表すときに使う
いずれも動詞のdepress(意気消沈させる)が元になっている語。

例：depressing movie(憂うつな映画)、I feel depressed.(気分が落ち込んでいる)

用法② 名詞のdepressionは「うつ病」や「不況」の意味も

I'm depressed.と言うと、「落ち込んでいる」という意味もあるが、本当に精神的な
うつ病であるという意味にもなる。また、「不況」という意味もあり、The economy is
depressed.(経済不況だ)のように使う。

▶ miserable「みじめだ」 カジュアル・フォーマル

用法① miserable+映画・本で「質が低い」、miserable+環境・状態で「不幸な」という意味

**非常にみじめな状態や気分について使う言葉。ただしmiserable+映画や本で「質が
低い」という意味になる**ので注意。例えばmiserable movie(質の低い映画)、miserable
book(質の低い本)など。また、**miserable+環境や状態で「不幸な」という意味**になる。
例えばmiserable childhoodで(不幸な子ども時代)でunhappyに近いニュアンスになる。
miserableのほうがunhappyより不幸度が強い印象を与える。

▶ disconsolate「ひどく悲しい、絶望的な」 ややフォーマル フォーマル

用法① disconsolateは非常に悲しみの度合いが強い語

disconsolate＝dis-(否定を表す接頭辞)+console(慰めるという意味の動詞)なのでcannot
console「(慰められないぐらい)悲しい」という意味の形容詞。**悲しみの度合いが非常に
強い。**

用法② 堅苦しい印象を与える単語で書き言葉(小説など)としてよく使われる語

書き言葉で使われることが多いが話し言葉では、(人が)悲しくてどうしようもないときに
使う。

例：There was nothing I could do for the grieving child disconsolate over the loss of
his dog.(愛犬を亡くして絶望的に悲しみ嘆いているその子のために、私ができることは何も
なかった)

ほかの表現

- down(精神的に)「落ち込んで、暗い気分で」
  What are you so down about?(何をそんなに落ち込んでるの?)
- downhearted「落胆した」
  She was downhearted after the breakup.(彼女は失恋して意気消沈しています)

020　残念な

too bad	disappointed	unfortunate
すごく残念	がっかりする	不幸な

カジュアル ──────────────────────────────→ フォーマル

話し言葉

dissatisfied, displeased
不満な・不機嫌な

unpleasant
快適ではない

違いがわかる例文

- A: I didn't get that promotion I'd been expecting.

  B: That's **too bad**. Maybe they'll recognize you at the next evaluation.

  A：ずっと期待してた昇進がなかったんだよね。
  B：それはとても**残念**だね。きっと次回の査定では対象になると思うよ。

- The manager told his employees that he was **disappointed** in their performance.

  マネージャーは従業員に対し、彼らの業務に**がっかりしている**と伝えた。

- It's **unfortunate** that he had to drop out of graduate school for lack of funds.

  彼が費用の不足によって大学院を中退したことは**不幸なことだ**。

- That food you're eating has a really **unpleasant** smell.

  あなたが食べてるもの、本当にひどい臭いがするわ。

▶ (That's) too bad. 「すごく残念」 カジュアル 話し言葉

用法① 友達や親族など近い人に対して使う
友達同士や親族に残念なことがあったときに(That's) too bad. がよく使われる。
例：John said he can't come to the party tonight.（今夜のパーティにジョンは来れないと言っていたよ）—That's <u>too bad</u>. I was looking forward to seeing him.（すごく残念。彼に会えるの楽しみにしていたのに）
［人］ではなく［（残念な）事柄、状態］を主語にすることに注意。ただし、**非常に重く悲しい出来事に使うのは失礼なので使わないように**。その場合は、I'm terribly sorry to hear that.（それを聞いて大変残念に思います）と言う。

▶ disappointed「がっかりする」 カジュアル・フォーマル

用法① disappointed by/with/in/at+［名詞］で「［名詞］についてがっかりしている」

例：I was disappointed in[with] him.（彼にがっかりした）

I was disappointed by the game today.（今日のゲームにはがっかりだ）

物事・環境・状態を表すときは…ing形のdisappointingを使う（**例**：The game was disappointing.）。

用法② disappointed to不定詞という形も使える

I was disappointed at his report. ＝ I was disappointed to hear his report.

▶ unfortunate「不幸な」 ややフォーマル

用法① 「不幸な」が基本ニュアンス

un（否定を表す接頭辞）+fortunate（幸いな） ＝ unfortunateから **「運が悪い」というニュアンス**。例えば、unfortunate person「不幸なことによく会う（運が悪い）人」、unfortunate year「不幸なことがよく起きた年」など。**That's too bad.よりもう少しフォーマル**。

例：The customer cancelled the meeting this morning.（今朝、お客様がミーティングをキャンセルしました）—That's unfortunate. I wanted to explain our new service to them.（それは残念。新しいサービスを説明したかったのですが…）

▶ dissatisfied, displeased, unpleasant「不満な・快適ではない」 ややフォーマル

用法① dissatisfied/displeasedは「不満な気分」というニュアンス、unpleasantは「快適ではない」環境を表すときによく使う

動詞dissatisfy ＝ dis（否定を表す接頭辞）+動詞satisfy（満足する）。displease ＝ dis+動詞please（満足させる）。**dissatisfyとdispleaseは「期待を満たしていない」、つまり「満足させていない」** 場合に使う。**unpleasantは「快適ではない」** 環境を描写するときに使う。

用法② dissatisfied/displeased with+［名詞］の形が多い

例：I'm dissatisfied/displeased with your performance.（あなたのパフォーマンスには満足できませんでした） →unhappy with「悲しい」（019）と似た意味。

COLUMN

● "good"や"bad"はlazyな表現!?

若い頃にIELTSの試験対策をしていた頃の話です。ライティングのクラスでネイティブの先生から、「試験対策のライティングという観点で考えると、good,bad,veryといった表現は手抜きで幼稚だとみなされます。他の単語への言い換えを試みなさい」と言われました。日本語でも、「良い」という意味の表現には「素晴らしい」「優れている」「良好な」など様々な種類があり、私たちはTPOに合わせて使い分けをしています。英語でも同じことが言えるということです。

021 つまらない・退屈している

boring, bored
つまらない

uninteresting
興味を引かない

monotonous
単調でつまらない

カジュアル

weary
疲れて退屈な

tedious
長ったらしく終わらずつまらない

フォーマル

違いがわかる例文

- I think he's **bored** at work, and that's why he's on social media all the time.
  彼はきっと仕事に退屈してるんだよ。だからいつもSNSを見てるんじゃないかな。

- The conversation was **uninteresting**, so I left.
  会話がつまらなかったから帰ったの。

- This project is **tedious** and time-consuming, but it's worth the reward.
  このプロジェクトは退屈だし時間がかかるけど、利益には見合うものだ。

- I don't think I can sit through another one of the professor's **monotonous** lectures.
  単調でつまらない教授の講義をあともう1つ受けるなんて、多分無理だな。

▶ boring, bored「つまらない」 カジュアル

用法① 動詞bore「〜を退屈させる」から派生した形容詞boring
動詞bore「〜を退屈させる」から形容詞boringは「退屈させる」という意味。
例：boring movie(つまらない映画)、boring lesson(つまらない授業)、boring book(つまらない本)

用法② be bored with/of+[名詞]で「[名詞]に退屈している」
よく使う表現なので覚えておこう。**withを使うことが多いがofを同じように使っても良い。**
bored with[of] her books(彼女の著作には退屈している)、(a child) bored with[of] her toys (おもちゃにあきている)などのように使う。

用法③ 決まり文句は覚えておく
例：bored to death(死ぬほど退屈している)、bored out of one's mind(気が狂うほど退屈している)

56

▶ uninteresting「興味を引かない」 カジュアル・フォーマル

用法① boringと同義だがuninterestingよりboringのほうが日常的に使う
un（否定を表す接頭辞）+interesting（関心を引く）でinterestingの反意語。「関心がない」をIt's uninteresting./That doesn't interest me./ I'm not interested (disinterested).のように使うが**boringのほうが口語的**。

用法② 気分を表すときはnot interested inを使う
気分を表すときはnot interestedを使うことが多い。dis+interestedのdisinterested（接頭辞がunではないので注意）はあまり使わない。また、**be (not) interestedは前置詞inと一緒に使うことが多い**。**例**：I'm not interested in this.（これに興味がありません）

▶ weary, tedious「疲れて退屈な、長ったらしくて退屈な」 ややフォーマル

用法① wearyは「疲れて退屈な」ニュアンス
wearyは疲れていて、退屈していて、世界に1つの望み事もないというニュアンスが伝わる。**人の気分を表す形容詞wearyは、feel weary of +［物事・環境・状態］**（［物事・環境・状態］には疲れた）**というパターンでよく使うので覚えておこう。例**：I'm weary of the empty streets.（何もない通りにうんざりしている）/ I'm weary of life itself.（人生そのものに辟易している）

用法② tediousは仕事や細かい作業に対して「終わらずつまらない」ニュアンス
tediousは仕事や細かい作業について描写するときに使うことが多くtedious jobやtedious workなどと使う。細かくて終わりそうもなく、つまらない仕事というニュアンス。

▶ monotonous「単調でつまらない」 ややフォーマル

用法① monotonousは「単調」なつまらなさを表す
monotonous = mono-（ひとつを表す接頭辞）+tonous（調子の意味のtone）で成り立つ形容詞で**「ひとつの調子だけがある」という意味。つまり「単調である」ということ。物事、環境、状態を描写する単語として「単調な、一本調子の」という意味がある。**
Work is monotonous.というとつまらなさに加えて「毎日毎日同じことをしていて、別の仕事をやりたい」というニュアンスが伝わる。

ほかの表現

- blasé（フランス語）「享楽に飽きて、関心のなくなった」
  He flies first class all the time, so he has become blasé about its splendid services.
  （彼はいつもファーストクラスに乗っているので、その素晴らしいサービスにも関心がなくなってしまった）

違いがわかる例文

- I'm **interested** in why you decided to go to work for that company. Would you tell me more about your career path?
  どうしてあなたがあの会社で働こうと決めたか**興味があります**。あなたのキャリアパスについてもう少しお話いただけますか。

- This book is too **engrossing** to put down.
  この本が**面白くてたまらない**から、読むのが止まらないよ。

- He's been **fascinated** with Japan since he was a teenager and hopes to live there someday.
  彼は10代のときから日本に**魅了され**、いつか住んでみたいと思っている。

- The mysterious "Mona Lisa" has a **captivating** smile.
  神秘的な「モナリザ像」は魅惑的な微笑みをたたえている。

▶ interested, interesting 「興味がある」 カジュアル・フォーマル

用法① be interested+[to不定詞]またはinで使うことが多い

動詞interest(興味を持たせる)の受動態が形容詞interested。例えば、to不定詞を使ったinterested to hear your thoughtsはinterested in what you have to sayとinを使って言い換え可能で「あなたの思いを聞かせてください」という意味。

用法② 物事・環境・状態を描写するときはinterestingを使う

例えば、He's interested. は「彼は興味を持っている」、He's interesting. は「彼は興味深い存在」という意味。

▶ engrossed, engrossing 「夢中だ」 ややフォーマル・フォーマル

用法① be engrossed inで「どうしても続けざるを得ないくらいの興味を持っている」
動詞engross（夢中にさせる）の受動態が形容詞engrossed。**engrossed in は「（小説・テレビドラマなどに対して）どうしても続けざるを得ないぐらいまで興味を持っている」**という意味。engrossed in a TV show（テレビ番組にとても興味を持っている）のように使う。
用法② **物事・環境・状態を描写するときはengrossingを使う**
例：engrossing novel（面白くてたまらない小説）

▶ fascinated, fascinating 「魅了された」 ややフォーマル・フォーマル

用法① be fascinated with/byで「一瞬だけでも魅了させられた」ニュアンス
例えば、fascinated by his clothes（彼の服に惹かれた）のように使う。また、withやbyだけでなくto不定詞をあとに置いてfascinated to discover a new part of the universe（宇宙の新しい部分の発見に惹かれている）のように使うこともできる。**interested toよりも惹かれているニュアンスが強く伝わる。**
用法② **fascinatingは環境や物事、状態が「うっとりさせるような」**
例：fascinating actress（うっとりするような女優）

▶ captivated, captivating 「とりこになる」 フォーマル

用法① be captivated by/withで「人質になってしまったように興味を持ってしまう」
動詞captivate（心を奪う）は名詞captive（人質）が由来。**「人質になったように興味を持ってしまう」**が直訳。
例：be captivated by[with] her performance（彼女のパフォーマンスのとりこだ）
用法② **captivatingは環境や物事、状態が「心を奪うような」**
例えば、a captivating smile（心を奪うような笑顔）、a captivating performance（心を奪うようなパフォーマンス）のように使う。
用法③ **captiveは比喩で同様の意味で使える**
似た意味でcaptive（人質）は比喩で使える。次はいずれも「彼女のパフォーマンスに心を奪われた」という意味。I was held captive by her performance. = I was captivated by her performance. = Her performance was captivating.

> **ほかの表現**
>
> • **entranced** 「うっとりして、恍惚として」
> I am absolutely entranced by this beautiful scenery.（この美しい景色にすっかり魅せられてしまったよ）

023 面白い（ユーモアのある）

humorous
ユーモアのある
（必ずしも笑いの要素があるわけではない）

hilarious
実際笑っているようなくらい陽気な

笑いの程度 **弱**

funny
面白い、こっけいな

hysterical
気が狂うほど面白い

笑いの程度 **強**

違いがわかる例文

- He tried to make his speech **humorous**, but no one in the audience laughed.
  彼は自身のスピーチを**ユーモラス**にしようとしたが、聴衆は誰も笑わなかった。

- She laughed almost maniacally, but there was nothing **funny** at all about the tragedy she was describing.
  彼女はほとんど狂気的に笑ったが、彼女が語った悲劇の中にはどこにも**笑える点**はなかった。

- I found it **hilarious** that the foreigner thought Japanese ghosts say "urayamashi" instead of "urameshiya."
  外国人が、日本のお化けが「うらめしや」ではなく「うらやまし」と言っていると思っているということは、**とても愉快で面白い**と思う。

- Your jokes are **hysterical**; you should be a comedian.
  君のジョークには**笑いが止まらない**よ。コメディアンになるべきだ。

▶ humorous「ユーモアのある、こっけいな」 カジュアル・フォーマル

用法①　単純に「ユーモアがある」という意味。笑いの要素は必ずしもない
humorousの名詞はhumor（ユーモア）。**単純に「ユーモアのある」という意味**で、「実際に人を笑わせるかどうか」はわからない場合に使う。例えば、This is a <u>humorous</u> book on childhood. と言うと、コミックエッセイのような面白い本だということ。
用法②　使い方によっては批判・皮肉にも聞こえるので注意
冗談を言った相手に、笑わずにThat's <u>humorous</u>. と返すと誉め言葉ではなく批判や皮肉に聞こえてしまうので使い方に注意。

▶ funny「面白い、こっけいな」 カジュアル

用法①　会話やカジュアルなメールで「笑わせてくれるように面白い」ことに使う

笑わせてくれるような環境・物事・状態を描写する「面白い」を表す言葉。funny situation（面白い状況）、funny story（面白い話）、funny face（面白い顔）などのように使える。また、笑わせてくれる人をfunny personと言える。

用法②　「おかしい」や「怪しい」という意味もある

例えばThis fruit tastes funny.と言うと、「腐っているかもしれない」というニュアンス。Something funny's going on.と言うと「雰囲気が怪しい」という意味。

▶ hilarious「陽気な、こっけいな」 カジュアル・フォーマル

用法①　funnyよりも「実際に笑っているようなくらい」面白いニュアンス

hilariousは、funnyよりも面白さの程度が強く、実際笑ってしまうほど面白い場合に使うことが多い。面白い話や冗談を言った相手にThat's hilarious!またはYou're hilarious!と言うと嬉しれるだろう。hilarious TV show（面白いテレビ番組）、hilarious book（面白い本）、hilarious situation（面白い状況）、hilarious person（面白い人）のように使う。

用法②　皮肉的に使うこともある

皮肉的にも使う場合もあるので、使い方には注意。例えば、何も面白さがなくて「つまらない」と思うときに、笑わずにThat's hilarious.と言うと皮肉になる。

▶ hysterical「笑いが止まらないほど面白い」 カジュアル・フォーマル

用法①　「気が狂う」ほど面白いというニュアンス

元々は精神医学用語の「ヒステリー」、hysteria（興奮状態）からきた形容詞。**興奮状態になる（気が狂う）まで「面白い」という意味**。名詞hysteriaはネガティブな意味（**例**：mass hysteria＝集団ヒステリー）があるがhystericalはネガティブな意味はなく逆に「とても面白い」という意味。冗談を言った相手にThat's hysterical!と返すと誉め言葉になる。

COLUMN

● Funny Face

オードリー・ヘップバーン主演のミュージカル映画「パリの恋人」をご存知ですか？ この原題はFunny Faceです。古本屋店員で、個性的な顔立ちの知的だけど地味な主人公のジョー（オードリー・ヘップバーン）にファッションカメラマンのディックが、君は素敵だよ、と歌うシーンがあります。映画のタイトルと同じナンバー「Funny Face」という歌の歌詞を少しだけご紹介。

I love your funny face. Your sunny, funny face.（君の愉快な顔が大好きさ。君の輝くファニーフェイスが）

For you're a cutie, with more than beauty.（君が美しいといわれるより、かわいいといわれるほうが好きだとしてもね）

You've got a lot of personality.（君には溢れる個性があるんだよ）

本来funny faceは「お面白い顔」や「おかしい顔」という意味で使われます。この映画でのFunny Faceの使い方、筆者はとても素敵だと思いました。みなさんはいかがですか？

related	connected	bound
（人と）親戚である	（人と）様々な関係がある	（人と）義務で逃げられないほど
（物と）使い方が同じ	（物と）繋がっている	つながっている
		（物と）テープやのりでくっついている

結びつき **弱**

intertwined
（人の）運命がからみ合っている
紐のようなものが織り込みあっている

結びつき **強**

違いがわかる例文

- The difference between sensing and thinking is **related** to what I was just saying about embodiment.
  感じることと考えることの違いは、先ほど私が申し上げた具現化に**関係**します。

- We're **connected** on social media, but I wouldn't call us "friends."
  私たちはSNSで**繋がっている**けど、私たちのことを「友達」とは呼ばないわ。

- Some thinkers say that capitalism and democracy are **intertwined**, while others claim that they are incompatible.
  思想家の中には、資本主義と民主主義は**繋がりがある**と言う人もいれば、その2つは相容れないものだと言う人もいます。

- A samurai is **bound** to his lord by an oath of service.
  侍は忠誠の誓いにより、その君主と**運命を共に**する。

▶ related 「関係している」 カジュアル・フォーマル

用法① [人]と一緒に使うと「親戚」の意味になる
related peopleと言うと「親戚」の意味。be related toで「〜と親戚である」でI'm related to him. He's my cousin.（彼は私の親戚です。いとこです）のように使う。

用法② related+[物]で「使い方が同じ」ニュアンス
related+[物] は、使い方などが同じという意味になる。例えば、Sales have improved for laptop PCs and related items, such as network adapters.（ノートパソコンとその周辺機器、例えばアダプターなどの販売成績は向上した）

用法③ 抽象的なコンセプトは何かの理由で繋がっているニュアンス
On a related note, やRelated, も文頭で「関連している話では」として使える。

▶ connected 「繋がっている」 カジュアル・フォーマル

用法① [人]と一緒に使うと「関係の可能性は様々」

例えば、connected by business（仕事での関係）や connected through a social media platform（ソーシャルメディアでの繋がり）など**様々な関係性を表すことができる。**I feel connected to him. と言うと「彼との縁を感じる」という意味。

用法② connected+[物]で「物質的に繋がっている」ニュアンス

例：The two rooms are connected by a hallway.（廊下で2つの部屋が繋がっている）

用法③ 抽象的なコンセプトはrelatedよりやや強く関係しているニュアンス

connected sequentially（経時的に関連している）や connected logically（論理的に繋がっている）などよく使う。

▶ intertwined「絡み合っている」 ややフォーマル

用法① [人]について話すとき「運命」を描写することが多い

People's fates are intertwined.（人々の運命が絡み合っている）のように形容詞として使うのが一般的。

用法② [物]を描写するときは「紐のようなものが織り込み合っている」イメージ

名詞twineは「紐」という意味で、物同士がintertwinedしていると言うと **「紐のようなものが織り込んでいる」イメージ。**例：The intertwined tendrils of the bean plants grow towards the sky.（空に向かって豆の木がクルクルと巻き合って成長している）

▶ bound「縛られた」 カジュアル・フォーマル

用法① bound+to+[人・組織]で「義務や逃げられないような関係」を表す

ネガティブにも（**例**：slaves bound to their masters[主から逃げられない奴隷]）ポジティブにも（**例**：bound to my family by love[愛による家族の絆]）使える。bound to my husband by marriage（結婚によって夫に縛られる）と言うと良くも悪くも解釈できる。

用法② [物]を描写するときは「テープやのりなどで接着されている」イメージ

bound bookと言うと「装丁された本」という意味で、このイメージが伝わりやすい。

用法③ 「義務のある」ニュアンスが強い

bound by contract to不定詞で「契約により、〜するのが義務」、bound by law to不定詞で「法律により、〜するのが義務」という使い方がある。

また、**「強く繋がっている」**というイメージから**「確実に〜が起こる」**という意味も。

例：He's bound to come tomorrow.（確実に明日彼がきます）

ほかの表現

- be entwined with「〜と密接に関連している」
  The future of coastal cities is entwined with the global response to the climate crisis.
  （海岸沿いの町の未来は、気候危機への世界の対応にかかっています）

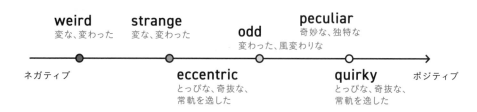

weird
変な、変わった

strange
変な、変わった

odd
変わった、風変わりな

peculiar
奇妙な、独特な

ネガティブ

eccentric
とっぴな、奇抜な、
常軌を逸した

quirky
とっぴな、奇抜な、
常軌を逸した

ポジティブ

違いがわかる例文

- Don't you think it's **weird** that he called last night after 10 p.m.?
  彼が昨夜の10時以降に電話してくるなんて、変だと思わない?

- He has an **odd** way of looking at the world, so I'm never quite sure what he's thinking.
  彼はちょっと**変わった**世界観を持っているから、いつも何を考えてるかわからないんだよね。

- She has some **quirky** habits, but the boys think she's cute.
  彼女には**突飛な**癖がありますが、男の子たちは彼女のことを可愛いと思っています。

- That way of looking at the world is **peculiar** to him; he's truly one of a kind.
  その世界観は彼**特有の**もので、彼は正に唯一無二の存在です。

▶ weird, strange「変な、変わった」 カジュアル・フォーマル

用法① 基本的な意味は「普通とは違う」
この意味の場合、weirdもstrangeもいずれを使っても同じニュアンスになる。

例：The weather has been <u>strange</u> lately.＝The weather has been <u>weird</u> lately.（近ごろは天気が変だ）

用法② 人を表すときはweirdとstrangeで意味が異なる
weird person は悪い意味で、「みんなと違う行動をしている人」。strangeはstrangerで 「見知らぬ人」という意味。例えば、I observed <u>a strange man</u> walking down the street.（初めて見るような外見の人が道を歩いているのを見た）、I saw <u>a weird man</u> walking down the street.（[悪い意味で] 変な服を着て、変なことをやっている人が道を歩いているのを見た）となる。

▶ odd「変わった、風変わりな」カジュアル・フォーマル

用法① 「普通と違う」という意味が基本だが、例外あり
weird や strange 同様、「普通と違う」と言う意味で The weather has been odd lately.
（近ごろは天気が変だ）と使う。**ただしあとにくる名詞次第では意味が異なるので注意。**
odd numbers というと「奇数」の意味で an odd shoe というと「片方の靴（しかない）」
という意味になる。また odd jobs は odd が「臨時の」として使われ、「半端な仕事」や
「雑用」の意味になる。
用法② 「確率が低い」ニュアンスを含む
複数形 odds は「確率」の意味。そこから odd は「確率が低い」という意味もある。

▶ quirky, eccentric「とっぴな、奇抜な、常軌を逸した」カジュアル・フォーマル

用法① とっぴな人や言動に使う単語
いずれもとっぴな人や言動に使う単語。**quirky のほうが eccentric よりポジティブなニュ
アンス。eccentric は quirky より強い言い方。**例えば、She's quirky but cute.（彼女は可愛
いが変わっている）には悪い意味はないが、His behavior seems a bit eccentric.（彼の態度
は少し奇人だ）だと、少しやり過ぎで変人というニュアンス。
用法② quirk は名詞でも使える
名詞としての quirk は「少し変わっている特徴」という意味。[人] has a quirky way of
[ing形] で「～の変わった方法を[人]は持っている」という表現はよく使われる。

例：The novelist thought carefully about the personality quirks of all of her
characters, including the one who liked to eat ice cream with ketchup.（その小説家
はアイスクリームをケチャップと一緒に食べたがるような点を含む彼女の変わった個性について
真剣に考えた）

▶ peculiar「奇妙な、独特な」ややフォーマル

用法① 「普通と違う」という意味の堅い単語
weird, strange と同様、「普通と違う」という意味だが、ややフォーマル。peculiar
weather（独特の天気）よりも peculiar weather conditions（独特の天候）のような堅い語
での表現に適切な語。また peculiar person は weird person/strange person ほどネガティ
ブなニュアンスがない（odd person もネガティブなニュアンスはない）。
用法② be peculiar to... で「～が特徴的だ」という意味
例：That way of speaking is peculiar to him.（彼は特徴的な話し方です）

> **ほかの表現**
>
> ● bizarre「（言動や性質が普通でなくて）一風変わった、奇妙な」
>   He asked his teacher a bizarre question.（彼はとんちんかんな質問をした）

vocabulary	人	景色	洋服・アクセサリー	動物	芸術作品	アイディアなど、その他
cute	男女	✕	cute clothes, cute bag	可愛い動物 例：cute dog	✕	悪賢い・生意気 例：Well isn't that a cute idea!
pretty	通常女性	✕	pretty dress	✕	きれいな絵 例：pretty painting	きれいごと pretty words
attractive	男女	✕	✕	✕	✕	attractive offerや attractive proposal
beautiful	通常女性	日の出 例：beautiful sunset	フォーマルな服 例：beautiful evening gown	美しい動物 例：beautiful dog	美しい絵 例：beautiful painting	美しいアイデア・詩・言葉など 例：beautiful poem
gorgeous	通常女性	日の出 例：gorgeous sunset	フォーマルな服 例：gorgeous evening gown	美しい動物 例：gorgeous dog	美しい絵 例：gorgeous painting	美しいアイデア・詩・言葉など 例：gorgeous poem

違いがわかる例文

- That's such a **cute** dress on you!
  なんて可愛いドレスを着てるのかしら！

- She has a **pretty** smile, but I wouldn't call her beautiful.
  彼女の笑顔は可愛らしいけれど、美しいとは思わないかな。

- Your company's offer is **attractive**, but we'll have to consider the timeline and other details carefully before signing the contract.
  御社の提案は大変魅力的ではありますが、契約を締結する前に、スケジュールとその他の詳細を慎重に確認させていただきます。

- What a **gorgeous** sunset today!
  今日の夕焼け空はなんて美しいんだろう！

▶ cute 「かわいい」 カジュアル

用法① 人や動物に使うと「かわいい」という意味
日本語の「可愛い」に最も近い語。ただし、場合によっては少し失礼に聞こえることがある。That's cute. と言うと「物足りなくて、beautifulではないのか…」と相手に思われてしまうことがある。ただし、What cute earrings! Where'd you get those?(なんて可愛いイヤリング！？どこで買ったの？) のように使えば、本当に褒めている使い方になるため、イン

トネーションや文脈により程度が変わる。

用法② cute ideaで「ずる賢い」という意味になる

cute idea は、場合によっては批判的に「ずる賢い」という意味を持つ。例えば、ケンカしているときに、Isn't that cute!（ずるいわ！）と使う。

用法③ cuteは「生意気な」という意味もある

例：Don't get cute with me!（私に生意気なことを言わないの！）

▶ pretty「きれいな」 カジュアル

用法① prettyは人に対して使うと「きれいな」という意味

pretty は**人に対して使うと、「きれいな」という意味を表す**語。人以外にも、pretty picture（きれいな絵）、pretty garden（きれいな庭）のように使える。

用法② ネガティブな意味で「中身がない」という意味もある

pretty idea や pretty words と言うと、「表面はきれいに見える（アイデアや言葉）だが、中身がない」というネガティブな意味もある。

▶ attractive「魅力的な」 ややフォーマル

用法① attractiveは、「惹きつけられるほど魅力的な」という意味

動詞attract「惹きつける」から、attractive は「惹きつけられるほど魅力的」。

用法② attractiveは、人や人の特徴に使うことが多い

人や人の特徴など、目で見て判断するものに対してだけでなく、attractive offer（魅力的な提案）、attractive conditions（魅力的な条件）などもビジネでよく使う。

例：The company is looking for attractive investment options in the Asia Pacific region.（その企業はアジア太平洋地域での魅力的な投資の選択肢を探している）

▶ beautiful, gorgeous「美しい、豪華な」 ややフォーマル

用法① beautifulもgorgeousも「美しい」という意味

beautiful と gorgeous は、**いずれも「美しい」という意味で、gorgeous は「美しい」だけでなく「豪華な、素敵な、見事な」というさらに強い意味**がある。他、相性の良い語は表のとおり。cute, pretty, attractive に比べ、様々な名詞と一緒に使える。

COLUMN

● 英語は誉める表現のバリエーションが豊富

筆者がゴールドコーストマラソンに参加したとき、沿道の観客の人たちがランナー達に口々に声援を送ってくれたのですが、そのバリエーションの豊かさに、マラソンの疲れも忘れて感動したのを覚えています。日本語だと「頑張って！」「がんばれ！」が一般的だと思いますが、私が聴いた声援は次の通り。Good job!/You're sensational!/Go for it!/Great job!
また、「可愛い」という表現も豊富です。He's so cute!/So adorable!/Very lovely!

vocabulary	相性の良い語（対象となる食べ物）
thick	クリームやスープ（密集した感じ）
heavy	脂っこい（カロリーが多い）食べ物
rich	脂っこいもの、甘いデザート等
strong	味が強いもの（strong cheese, strong coffee）、アルコールが強いもの（strong wine, whiskey等）

違いがわかる例文

- These cinnamon buns are covered in a **thick** cream cheese frosting.
  このシナモンロールは濃いクリームチーズのフロスティングで覆われています。

- I have to take a nap after eating such a **heavy** meal.
  こんなに重い食事のあとは、昼寝が必要だな。

- This fudge is so **rich** I can only eat a few bites.
  このファッジはとても濃厚だから、ほんの数口しか食べられないわ。

- Roquefort is considered to be one of the **strongest** blue cheeses.
  ロックフォールは最も濃厚なブルーチーズの1つと言われています。

▶ thick 「厚い、粘り気のあるほど濃い」 カジュアル・フォーマル

用法① thickは「太い、密集した」が基本的な意味
thick は「太い・密集した」という意味が基本。例えば、thick friends は「太い絆で繋がっている友達」という意味になる。そのイメージから、thick cream や thick soupというと、味が濃いというよりも、「粘り気のあるほど、濃密なほど濃い」という意味になる。

▶ heavy 「カロリーが高く、脂が多くて濃い」 カジュアル・フォーマル

用法① heavyは「重い、重要な」が基本的な意味
heavy は「重い」という意味が基本で、heavy weight（重い重量）の他、「重要」という意味でheavy responsibility（重責）という意味がある。その「重い」というイメージから、heavy foodを食べると身体も「重くなる」と感じるように**「カロリーが高く、脂が多くて濃い」** 食べ物を表す語。

▶ rich「豊かな」 カジュアル・フォーマル

用法① richは「豊かな」が基本的な意味

rich は「豊かな」という意味が基本で、rich in... で「〜に豊かだ」という意味。また、rich color combination（鮮やかな色の組み合わせ）や rich singing voice（太い歌声）のように使う。

「豊かな」というイメージから、**rich foodと言うと、通常、dessert（デザート）などの甘くて脂っこい食べ物を表す**。なお、ポテトチップスや自動販売機で買うアイスのような手軽なスナックではなく、フランスレストランで出てくるおいしくて脂っこい、甘いデザートを表すイメージ。**例**：rich chocolate cake（濃厚なチョコレートケーキ）

▶ strong「強い」 カジュアル・フォーマル

用法① strongは「強い」が基本的な意味

strong は「強い」という意味が基本で、体が強いだけではなく、strong will（強い意思）、strong words（強い言葉）、strong voice（影響力のある声・立場）のように幅広く使える。

ちなみに、「お酒に強い」は strong in alcoholとは言わず I have a high tolerance for alcohol. というのが自然。または、もっとカジュアルな表現として、I can drink a lot without getting drunk. とも言える。

用法② strongは「アルコール度数が強い」ときによく使う

アルコールが強いという意味で strong wine や strong whiskey のように使うこと多い。その他、味が強いという意味で、strong cheese や strong taste of lemon のように使うこともある。

COLUMN

● 様々な味の英語表現

食事は旅の大きな楽しみのひとつ。味（味わい）を表現する単語を少しまとめてみました。

- まろやかな　mellow, mild
- コクのある　robust
- さわやかな　refreshing
- ピリッと辛い　piquante（フランス語）
- 滑らかな　smooth
- 苦味　bitter
- うまみ　umami

028 自信がある

違いがわかる例文

- Are you **sure** you can do all the work you've been assigned?
  割り当てられた仕事を**本当に**全部できますか。

- She is **certain** to succeed in this project.
  彼女はこのプロジェクトの成功を**確信**しています。

- I'm **confident** I can get this job done; you can depend on me.
  この仕事を終わらせる**自信がある**から、任せといて。

- Rest **assured** that I'll finish this project on time.
  このプロジェクトを予定通りに終わらせますので**ご安心**ください。

▶ **sure**「確信している、確かな、間違いない」 カジュアル

用法① I'm sure.で「確実にそう思っている」
下記の会話例を見てニュアンスをつかむのがわかりやすい。
A: Are you sure about what you just said?(今言ったこと、本当にそう思っているの?)
B: Yes, I'm sure.［Yes, I'm positive. / Yes, I'm certain.］(うん、確実にそう思う)
用法② be sure about...やbe sure of...「〜に確実にそう思う」と使うことも多い
例：I'm sure about the results we reported.(私たちが報告した結果について確信している)
　　We're sure of success in the campaign. (そのキャンペーンでの成功を私たちは確信して
　　いる)

certainとconfidentにも同じ意味・使い方があるが、**sureとcertainのほうがconfident
より多く使われる**。また、**sureよりもcertainのほうがややフォーマルに聞こえる**。
用法③ sure that...「〜を確信している」という使い方もある
sure that...「確信している」と同じように、certain that...、confident that...という使い方
もある。**certainとconfidentを使うほうが、sure thatよりややフォーマル**。
例：I'm sure[certain/confident] that the candidate will win the election.(私はその候補
　　者が選挙で勝つと確信している)

先の例文の主語を I'm から It's に変えて、It's sure that he will win the election. と言うこともできる。自分自身が「確信をしている」かではなく、その「状態」が確実であることを伝える文になる。**同じように It's certain that... と使うことができるが、It's confident... と言うことはできない。**また、sure+to+[動詞]、certain+to+[動詞]という使い方もでき、He is sure[certain] to win the election. のように言い換えることも可能。

▶ certain 「確信している」 ややフォーマル

用法① sure よりフォーマルな語が certain
sure の説明のとおり、**certain と sure の使い方はほぼ同じだが、sure よりややフォーマルな語**である。ニュースなどで使うことが多い。

▶ confident 「自信がある」 ややフォーマル

用法① confident は人の性格や気分を表すときのみ使う
「確実的にそう思う」より **「自信がある」というニュアンス**。I'm confident about this project.(このプロジェクトについて自信がある)のように使い、この場合は confident を sure や certain に置き換えて使っても問題ない。
用法② confident は、「今」自信があるときに使うだけでなく、「性質や状態として常に」自信があるときにも使う
sure と certain は「今、確信がある」ことを表す。**confident は「今の自信」だけでなく、性質や状態としての「自信」も表す。**その意味で certain と sure を置き換えられない。
例:He's a confident person.(彼は自信がある人だ)
　　I'm confident in my English speaking ability.(英語を話す能力に自信がある)

▶ assured 「確信に満ちた、自信を持った、自信ありげな」 ややフォーマル

用法① assured は「(誰か・何かに)安心させられた、納得された」というニュアンス
assured は動詞 assure「安心させる、納得させる、保障する」の受動態の形容詞。そこから「誰か(または何か)に安心させられた、納得させられた」という意味で使われる。**ややフォーマルな会話で Rest assured that...「～にご安心ください」と使うことが多い。**
用法② 自信のある人は self-assured で表現する
自分自身に安心させている、納得させているという意味で、assured を使って a confident person 以外に「自信のある人」を a self-assured person と表現することができる。

ほかの表現

- enhance self-esteem「自尊心を高める」
  Educators can enhance children's self-esteem by praising effort instead of natural ability.(教育者は、生まれつきの才能よりも努力を誉めることによって、子どもの自尊心を高めることができます)

brave
恐れなく、勇気のある

daring
勇気があるのを超えてむしろ図太い

勇気の程度
普通

courageous
恐れがあっても
乗り越える勇気がある

audacious
極端に図太い
ぐらいまで勇気のある

勇気の程度
強

違いがわかる例文

- You are **brave** to go to a foreign country on your own.
  自分1人で海外に行くなんて**勇気があるわ**ね。

- The **courageous** firefighter ran back inside to rescue the dog from the flames.
  勇敢な消防士は、犬を救出するため炎の中に駆け戻った。

- You'd have to be **daring** to wear a dress like that to the party.
  そんなドレスをパーティーに着てくるなんて、**なかなか思い切った**ね。

- In an **audacious** display of confidence, the commanding officer told his soldiers to hold fire under the enemy's advance.
  大胆な自信の表れで、指揮官は兵士たちに、敵の前進に際しては射撃をやめるように言った。

▶ brave「勇気のある」 カジュアル・フォーマル

用法① braveは、人や行動を「恐れもなく、勇気のある」と表すときに使える語
Be <u>brave</u>! や Don't fear! と同じ意味で「恐れないで！」という意味。
用法② braveは「勇敢に立ち向かう」という意味で動詞としても使える
<u>brave</u> a difficult situation（難しい状況に立ち向かう）、<u>brave</u> bad weather（悪天候に立ち向かう）などのように使うのが自然。
用法③ braveは「勇者」という意味で名詞としても使える
名詞の brave は「勇者」という意味があり、北米先住民の戦士をイメージすると良い。
抽象的な「勇気」を表す名詞は bravery で、act <u>with bravery</u> = act <u>bravely</u>（副詞）は同じ意味で「勇気を持って行動する」。

▶ courageous「勇気のある、勇敢な」 ややフォーマル

用法① courageousは、「恐れがあっても乗り越える勇気がある」ことを表す語
courageousとbraveの訳は同じだがニュアンスの違いがある。**brave は「本当に恐れがなく、勇気がある」**という意味で、**courageousは「恐れがあっても乗り越えるよう勇気がある」**という意味。そのため、Face your fears courageously!/Face your fears with courage!（勇気を持って恐れに直面しろ！）という表現は使えるが、Face your fears bravely!と言えない。
用法② 動詞のencourageは、「勇気づける」という意味
例：He encouraged me to face my fears and apply for the job.（彼は、私に恐怖に立ち向かって仕事に応募するように勇気づけた）

▶ daring「大胆な、大胆不敵な」 カジュアル・フォーマル

用法① 人や行動を「（勇気があるのを超えてむしろ）図太い」と表すときに使える語
他の人もやらないような少々愚かな、失礼とも言えるようなネガティブな勇気に対して使える。例えば、That was a daring thing to say to our boss! は、上司に言ったことは「勇気があった」だけでなく、普通であれば他の人は言わないような大胆な言葉を言ってしまったというニュアンスが伝わる。
用法② 他動詞としてのdareは「大胆に〜する勇気がある」という意味
例：I dare you to say that to the teacher (to show your courage).（勇気を見せるために先生によくもあんなことが言えるね！）
他にも命令形でDare to follow your heart! のようにモチベーションをあげるために使う。また、否定文のDon't you dare...!とHow dare you...?もよく使うパターン。例えば親が子どもにDon't you dare yell at your sister!/How dare you yell at your sister?（お姉ちゃんによくも怒鳴れるわね？）と使う。

▶ audacious「向こう見ずな、危険を顧みない」 ややフォーマル

用法① audaciousはdaringよりも強く「図太い」ニュアンス
That was an audacious thing to say!（向こう見ずなことを言ったね）は**若干批判している意味**で、失礼だったかもしれないというニュアンス。an audacious display of emotionと言うと「社会の制限を超えて感情を表す」というネガティブな意味。

COLUMN

• **よくもまぁそんなことを！**
「大胆にも〜する」「〜する勇気がある」とうい意味の単語に"dare"があります。
この"dare"を使った慣用表現を聞いたことはありますか。誰かが信じられないことをしたときに相手を非難するフレーズで、映画やドラマで聞いたことがあるのではないでしょうか。
How dare you?（よくもまぁそんなことを！）
「信じらんな〜い！」というニュアンスでも使いますので覚えておくと良いですよ。

内気な・シャイ・恥ずかしい

vocabulary	性格	気分	行動や状態
shy	シャイな	内気な・恥ずかしい	ギリギリ達成できていない (例：just shy of the goal)
nervous	神経質な	緊張している気分	神経と関連する (例：nervous systemや nervous disorder)
timid	臆病な、内気な	弱気な気分	臆病な言葉 (例：timid remarks)
embarrassed	✕	恥ずかしい	恥ずかしい状況 (例：embarrassing situation)
humiliated	✕	自尊心を傷つけられる ほど恥ずかしい	恥辱的な状況 (例：humiliating situation)

違いがわかる例文

- She feels shy speaking in English around foreigners.
  彼女は外国人の前で英語を話すことに照れを感じている。

- I'm nervous about the exam next week.
  来週の試験が心配だな。

- Some of our employees are too timid to say what's on their mind.
  何人かの従業員は、本音を話すにはあまりに内気です。

- Don't feel embarrassed when you make a mistake; just fix it and move on with your life.
  失敗したからと気後れする必要はありません。修復して次に進めば良いのです。

▶ shy「シャイな」 カジュアル・フォーマル

用法① shyは性格や気分を「シャイな、恥ずかしい」と表す語

例：She's shy around[with] boys.（彼女は男の人と一緒にいると静かになってしまう）
性格に使うshyは「静かで、人に声をかけるのが苦手」という意味。She's shy speaking to boys in English. は、特に話すことが恥ずかしいことを強調している。I used to think she was aloof, but now I realize she's just shy.（以前は彼女のことをよそよそしい人だと思っていたが、ただシャイなだけだと気づいた）のように性格を表すときは「静かで人に声をかけるのが苦手」というニュアンス。

▶ nervous「神経質な」 カジュアル・フォーマル

用法① nerveは「神経」という意味でnervousは「神経質な」という意味になる
「神経」というイメージから、nervous personで「神経質な人」。**shyよりも、恐れている
イメージが伝わる。**I'm nervous about this test.（このテストに神経質になっている）などのように「恥ずかしい」という意味とは別の意味でも使う。
用法②　「緊張してしまう」という意味もある
shy の用法①の例を使ってShe's nervous around[with] boys. とすると**「緊張してしまう」
イメージが強い。**nervous chatterで「緊張していてたくさん話してしまう」という意味もある。

▶ timid「臆病な、内気な」 ややフォーマル

用法① timidは、「臆病な、内気な」というニュアンス
He has a timid personality.（彼は内気な性格だ）は、**人に声をかけるのが怖いというイ
メージ。**timid words で「弱気で言ってしまった言葉」という意味。
用法② timidもshyと似たニュアンスで使う
She's timid around[with] boys. は、いずれも「シャイな」と似たニュアンスで使う。

▶ embarrassed, humiliated「恥をかかされた」 カジュアル・フォーマル

用法① embarrassedもhumiliatedも「恥ずかしい思いをする」と気分を表す語
embarrassed は動詞embarrass「恥ずかしい思いをさせる」、humiliated は動詞humiliate
「恥をかかせる、自尊心を傷つける」の受動態の形容詞。ともに、**人の気分を描写す
る形容詞で「何かの物・事によって恥ずかしい思いをさせられた」**という意味。そのため、**性格を表すのには使えない。**
用法② humiliatedは、通常、過去の物・事で「恥をかかされた」ときに使う
humiliatedは、過去のことで「恥をかかされた」と使うのが自然。She felt humiliated
when the boy called her ugly.（彼女は、男子から不細工だと言われたとき、恥をかいた気分
になった）のように使うのが適切。**humiliatedのほうがembarrassedよりも恥の度合い
が強い。**shy、timid、nervous は置き換えられない。
例：I'm embarrassed I did that today!（今日したことで恥をかいた！）

ほかの表現

- bashful「内気な、はにかみ屋の」
  She is so bashful that she seldom participates in parties.（彼女はあまりにも人見知りなため、ほとんどパーティーに参加することがない）
- coy「遠慮がちな、控えめの」
  The model flashed a coy smile at the cameras before turning around on the runway.
  （モデルはランウェイでターンをする前、カメラに向かって遠慮がちな笑顔を見せた）

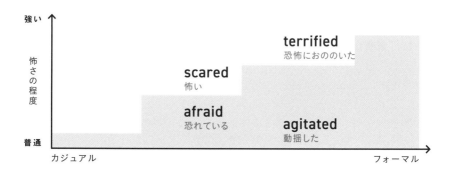

違いがわかる例文

- I'm not **afraid** to speak my mind to authority figures.
  偉い人の前で自分の意見を言うのを**恐れてはいない**わ。

- She's **scared** that people won't like her if they find out about her past.
  彼女は、もし人々が彼女の過去を知ったら彼女のことを好きでなくなるのではないかと**怖がっている**のよ。

- You seem **agitated** about something. What's wrong?
  何か**動揺している**ようですが、大丈夫ですか?

- If you're always **terrified** of making a mistake, you'll miss opportunities to shine.
  もし失敗することを常にそんなに**恐れていたら**、チャンスを逃しますよ。

▶ **afraid**「恐れている」 カジュアル・フォーマル

用法① afraidは、通常、人の気分を表す
afraidは人の気分を表す語で、一般的に「怖がっている」という意味。
用法② afraid of...で「〜が怖い」、afraid for...で「〜が気がかり」という意味
前置詞で意味が変わるので注意。また、前置詞のあとは必ず名詞(動名詞)がくる。
例: <u>afraid of</u> snakes(ヘビが怖い)、<u>afraid for</u> snakes(ヘビが気がかりだ)
用法③ afraid to不定詞で「〜するのを恐れている」という意味
<u>afraid of</u> making mistakes = <u>afraid to</u> make mistakes(ミスをするのを恐れている)
用法④ afraid that...「〜することを恐れている」という使い方もできる
I'm <u>afraid that</u> I'll make a mistake.(ミスをするだろうことを恐れている) のようにthat節を使って表現もできる。afraidは、scaredとterrifiedに置き換えることも可能。

▶ scared「怖い」 カジュアル・フォーマル

用法① scaredは人の気分を表す語

scared は動詞scareからきた受動態の形容詞で、**人の気分を表す語**。afraidの用法②③と同様、前置詞やto不定詞を使って scared of snakes（ヘビが怖い）、scared for my family（自分の家族が怖い）、scared of making mistakes/scared to make mistakes（ミスをするのが怖い）などのように使う。

用法② 動詞のscareや形容詞のscaryも覚えておこう

例：Snakes scare me.（ヘビは怖い）／Snakes are scary.（一般的にヘビは怖い）

▶ agitated「動揺した、興奮した」 ややフォーマル

用法① agitated about...「～について興奮している」という意味で使う

agitateは「興奮させる」という意味の**人の気分を表す動詞**でagitated about... で**「～について興奮している」という意味**。目的語を明確にせず、例えば、もじもじしている男性を見て、What's with him? He seems really agitated.（彼はどうしたの？もじもじしているようですが）と使う。この場合、agitatedをscared に置き換えるのは不適切。

用法② agitatingは、「心をかき乱す」という意味で状況や環境に使う

例：My boss/this work is so agitating!（私の上司／この仕事は、すごくイライラする！）

▶ terrified「恐怖におののいた、おびえている」 ややフォーマル

用法① terrifiedは、scaredよりも強く「怖い、恐怖におののいている」という意味

例：I'm terrified of death.（死ぬことが怖い）、I'm terrified to death.（死ぬぐらい怖がっている）

用法② 動詞terrifyと形容詞terrifyingも覚えておこう

例：Speaking English is terrifying[terrifies] me.（英語を話すのが怖い）

COLUMN

● ラフカディオ・ハーン 怪談の怖さを引き立てる日本語の音

怖いものといえば怪談話ですよね。日本の怪談や幽霊の話は西洋の怖い話と一味違い、しっとりと何かが背後から忍び寄るような怖さがあり、筆者も大ファンです。そんな日本の怪談話に魅了された外国人がいました。小泉八雲ことラフカディオ・ハーンです。ハーンの妻セツは日本に古くから伝わる話をハーンに日本語で聞かせ、ハーンはセツから聞いた話に独自の解釈を加えながら英語で記していきました。そのプロセスの中で、ハーンが大切にしていたのが「日本語の音の表現」だったと言われています。たとえば「ろくろ首がケタケタ嗤った」は「Rokurokubi laughed "keta-keta"」とそのまま使われました。ハーンはこのように、意図的に日本語の表現をそのまま残していたといわれています。その理由は最愛の妻の語る物語中の日本語の響きをそのまま残すためと、もう1つは未知の言語（ここでは英語の中の日本語）の台詞を組み込むことで、物語の幻想的な雰囲気を作り出すためだったそうです。

032　易しい・簡単な

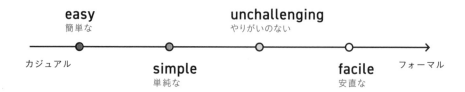

easy
簡単な

unchallenging
やりがいのない

カジュアル

simple
単純な

facile
安直な

フォーマル

違いがわかる例文

- I'll take care of the **easy** tasks first and tackle the rest later.
  まずは簡単な業務から終わらせて、それから残りに取り掛かるわ。

- According to Occam's Razor, the **simplest** explanation is usually correct.
  オッカムの剃刀によると、もっとも単純な説明がいつも正しいとのことです。

- Work is **unchallenging** and frankly, a bit boring.
  仕事は簡単で、正直なところ、少しだけ退屈です。

- **Facile** explanations won't do here. You need to provide more information about why this problem occurred and what you're going to do to prevent it from happening again in the future.
  安直な説明はここでは求められていません。この問題が発生した原因と今後の再発防止策について、もっと情報を提供してください。

▶ easy「簡単な」 ややカジュアル

用法①　easyは「努力せず、スムーズに進むように簡単な」というニュアンス
easy は動詞ease（安心させる）からきた形容詞で、そこから **「努力せずスムーズに進めむように容易い」** というニュアンスが伝わる語。

用法②　easyは通常、ポジティブに使われることが多い
easy test problem（簡単な試験問題）、easy work（努力せずできる仕事）、easy life（落ちついているライフスタイル）など通常、ポジティブに使われる。なお、「易しすぎる」という意味になることもあり、easy testと言うと物足りなさがあるニュアンス。

用法③　easy+[to不定詞]で「～しやすい」という意味で使うことも多い
例：It's easier to make a promise than it is to follow through on it.（約束を最後まで守り通すことよりも約束することのほうが簡単だ）

▶ simple「単純な」 カジュアル・フォーマル

用法① simpleはeasyよりも「簡単でわかりやすい」というニュアンス

「簡単でわかりやすい」、つまり **「単純な」という意味が基本**だが、そこからポジティブ
なニュアンスで **「基本の」** という意味にもなる。次の例を見てみよう。

例：It's easy to speak in simple English.（単純な英語で話すことは簡単だ）

上の例のeasyをsimpleに置き換えることはできない。もうひとつ例を挙げてみよう。い
ずれも「簡単なコンピュータープログラム」と訳すが、simple computer programはコン
ピュータープログラムが「単純」という意味で、easy computer programは「プログラミン
グしやすい」という意味。

用法② easyほどポジティブに使われることは少ない

決まり文句、short and simple（短く、簡潔に）やkeep it simple（シンプルにいく）からわか
るように、「基本である」という意味が強い。

▶ unchallenging 「やりがいのない」 ややフォーマル

用法① unchallengingは「やりがいがなく、つまらない」

unchallengingはchallenging（018）の反対語。つまり、**「チャレンジ性がなく、（簡単すぎ
て）つまらない、物足りない」** というネガティブなニュアンスが含まれることが多い。

例：Students are complaining that their course work is unchallenging.（生徒たちは授業
が簡単すぎて物足りないと不満を言っている）

▶ facile 「安直な、薄っぺらい」 フォーマル

用法① facileはあくまでもスピーチや書き言葉などのフォーマルなシーンで使う語

「たやすく得られる、安易すぎ、安直な」 というニュアンス。facile solutionは「あまり
考えないで出してしまった解決策」という意味で「安直な解決」と訳される。**facileは
「馬鹿みたいな（解決策）」** というネガティブなニュアンス。一方で、simple solutionとす
ると、「わかりやすく基本的なことまで解決した解決策」というポジティブな意味となる。

用法② facileは「深みがない、薄っぺらい」という意味もある

例：The political candidate's speech was filled with facile ideas that offered little in
the way of real hope to the population.（その政治家候補のスピーチは人々に本当の希
望を与えるという点で薄っぺらい言葉に満ちていた）

社説などの堅い文章で見かけるような例文。

COLUMN

● 英語で朝飯前

日本語には「そんなの簡単さ！」と言う意味の慣用表現がありますね。例えば、朝飯前、お茶の
子さいさい、目じゃない等…。英語でも同じく慣用表現があるのでご紹介します。

That's a piece of cake!/It's like taking candy from a baby./That's as easy as ABC.

033 疲れている

tired
疲れている

exhausted
（使い尽くされたほど）
へとへとな

worn out
疲れ果てた

spent
疲れ切った

疲れの度合い
普通

疲れの度合い
強

違いがわかる例文

- If you're **tired**, take a break.
  もし**疲れている**なら、休憩を取りなさい。
- He said he was **worn out** after work and just wants to go home.
  彼は仕事で**疲弊した**ので、とにかく帰宅したいと言っていました。
- I'm **spent** after that project. I need a two-week vacation.
  あのプロジェクトで**疲れ切った**ので、2週間の休暇が必要です。
- **Exhausted** after a hard day, she collapsed on the couch for a long nap.
  忙しい1日で**へとへとになり**、彼女は長い昼寝をすべく、ソファに倒れこんだ。

▶ **tired**「疲れた」 カジュアル・フォーマル

用法① tiredは「疲れた」という意味の一般的な語でsleepyの代わりとしても使える
tiredは動詞tire「疲れさせる」の受動態の形容詞。**「疲れている」という意味の一般的な語**。sleepy「眠い」の代わりとしても使える。I'm <u>tired</u> after a long day at work.（職場での長い1日に疲れた）や、I'm <u>tired</u>. It's time for bed.（疲れたよ。寝よっと）のように使う。
用法② tired of...で「〜に飽きてきた」という意味も
bored with/of... や weary of... のように（021）、**「〜に飽きてきた」という意味としても使える**。I'm <u>tired of</u> work. は「もう仕事に飽きてしまった」という意味。「疲れさせる状態」について話すとき、主語を人以外のものに変えて、tiringやtireで表現することもできる。
例：I always <u>feel tired</u> after work. = Work is <u>tiring</u>./Work <u>tires</u> me.（仕事で疲れる）

▶ **worn out**「使い古された、疲れ果てた」 カジュアル・フォーマル

用法① worn outは「使い古された」というニュアンス
worn outは、wear out「使い古す」の受動態の形容詞。**物質的に「使い古された」**と

いう意味がある。

例：The soles of my shoes are <u>worn out</u>.（私の靴のかかとは使い古されている）

用法②　人の気分を表すときは、運動のあとや仕事のあとによく使う

主語を人以外のものに変えて、動詞のwear outを使って同じ意味を表現できる。

例：I'm always <u>worn out</u> after work. = Work <u>wears</u> me <u>out</u>.（仕事のあとはいつも疲れ果てている）

▶ spent「疲れ切った」 カジュアル・フォーマル

用法①　spentは、「エネルギーが使い果たされて疲れた」というニュアンス

spentは動詞のspend「費やす」の受動態の形容詞。**「エネルギーが費やされて疲れ果てた」というイメージ**。

例：I'm <u>spent</u> after that hard run. = I'm <u>worn out</u> after that hard run.（ハードランのあとで疲れ切った）

主語をrunにした場合、wear outを使ってThat hard run <u>wore</u> me <u>out</u>.とは言えるが、spendを使ってThat hard run spent me.とは言えない。

▶ exhausted「疲労困憊な、へとへとな」 カジュアル・フォーマル

用法①　exhaustedは、worn outやspentよりも疲れの程度が強い「疲労困憊な」ニュアンス

exhaustedは、動詞exhaust「使い尽くす」の受動態の形容詞。**worn outとspentよりも疲れの程度が強い**。もう何も残っていないほどエネルギーがなくなったというニュアンス。

用法②　資源などを主語にすると「何も残っていない」という意味に

ニュースなどで、The army, <u>exhausted</u> of all of its resources, faced no choice but to surrender.（その軍は、資源が全く残っておらず、降伏を余儀なくされた）のようによく使われる。

COLUMN

● **燃え尽きたぜ**

「疲れ」を表す英語表現は、ここで紹介したもの以外にも様々なものがありますが、「燃え尽きた」という意味の慣用表現をご紹介します。

● burnt out「（最後まで燃焼して）燃え尽きた」

あのマンガの最後の有名なセリフ「燃え尽きたぜ…」は、英語にすると恐らく…

I'm burnt out...Totally burnt out...でしょうか。

vocabulary	相性の良い前置詞
enthusiastic	about（例：enthusiastic about books）
eager	for（例：eager for friendshipなど）
keen	on + 名詞（例：keen on English）
ardent	for　＊ただし、ardent forは通常使わない

違いがわかる例文

- The enthusiastic gardener spent the entire weekend preparing the soil for next season's planting.
  熱心な庭師は、来シーズンの種蒔きのための土壌の準備に週末をすべて費やした。

- I'm eager to get on with this project. Tell me when I can start.
  私はこのプロジェクトの進行に熱意があります。いつから取り掛かれるか教えてください。

- I'm keen to watch the new TV show everyone's been talking about.
  私は今話題の新しいテレビ番組に夢中になっています。

- My father is an ardent fan of the St. Louis Cardinals.
  私の父はセントルイス・カーディナルズの熱烈なファンです。

▶ enthusiastic「熱烈な」 カジュアル・フォーマル

用法① enthusiastic about...「～についてもっと知りたい、強く興味を持っている」という意味も

enthusiastic about sports（スポーツに強い興味を持っている）、enthusiastic about work（仕事に熱心な）などのように使う。

用法② enthusiastic+[to不定詞]で「熱心に～する」という意味でも使える

例：I'm enthusiastic to start this project.（私は熱心にこのプロジェクトをスタートします）

用法③ enthusiastic+[人]で「やりがいを感じる人」の意味

例：enthusiastic worker（仕事にやりがいを感じる人）、enthusiastic student（熱心な学生）

▶ eager「渇望している」 ややフォーマル

用法① eager for...「しきりに〜したがる」という意味でよく使う

今のことを表すaboutよりも、**未来について話す前置詞forを使って、eager for...で「し きりに〜（ほしい物・事）したがる」**という意味でよく使う。

例：It seems he is eager for praise, as he is always asking us what we think of him.（彼 はいつも私たちが彼をどう思っているかを聞いてくる。彼は称賛をほしがっているようだ）

用法② eager+[to不定詞]で「しきりに〜することをしたがる」という意味で使う

eager+[to不定詞]は、enthusiastic+[to不定詞]よりも（まだ決まっていない）**未 来のことに向けて使う**。例えば、マネージャーがまだ人材を探しているときは、We are enthusiastic to hire... よりも We are eager to hire employees who speak English.（私たち は英語が話せる人材を熱望している）と言うほうがより未来のことについて述べるのに自然。

用法③ eager+[人]で「やりがいを感じている[人]」

例：He's an eager employee.（彼は熱心なスタッフだ）

over-eagerで、「通常以上に熱心にやろうとしている」という意味の形容詞もある。

▶ keen「夢中である」 ややフォーマル

用法① keenは、「鋭い、鋭利な」が基本的な意味

keen は「鋭い、鋭利な」という意味があり、keen knife で「鋭いナイフ」。keen intellect で「鋭い頭脳」。keen studentだと「やりがいを感じる生徒」。

用法② be keen on...で「〜について熱心な」という意味

例えばbe keen on victory「勝利に熱心な」。切に勝利を目指しているニュアンスが伝わる。

用法③ be keen to... ≒ be eager to...で使える

例：We're keen to hire people who speak excellent English.（eager用法②の例文）

▶ ardent「熱烈な」 ややフォーマル

用法① ardentは、「燃えているほど熱心な、熱烈な」という意味

ardent は、もともと「燃えている」という意味があり、**「燃えているほど熱心な」という ニュアンス**。ardent lovers（熱烈な恋人たち）のように使う。ardent student は「やりがい を感じる生徒」よりも「熱意のある生徒」というニュアンスが強い。

ほかの表現

- fervent「（思想や宗教において）熱心な」
  She is a fervent Christian.（彼女は熱心なクリスチャンだ）
- dedicated「熱心な、献身的な」
  The employees of this company are dedicated to their work.（この会社の従業員は仕 事に献身的だ）

035 誠実な

vocabulary	相性の良い対象 (人)	相性の良い言動	相性の良いもの
genuine	genuine person 「本物」の人	例：genuine effort 「本当の努力」	例：genuine Italian leather 「本格的なイタリア製の革」
authentic	authentic person 「本物」の人	例：authentic life 「自分の本質に沿った人生」	例：authentic Italian food 「本格的なイタリア料理」
sincere	sincere person 「誠実」な人	例：sincere words/effort 「誠実な言葉／努力」	✕
heartfelt	✕	例：heartfelt words 「心からの言葉」	✕

違いがわかる例文

- If you don't make a **genuine** effort, you're certain not to succeed.
  もし真の努力をしないのであれば、確実に成功できないですよ。

- It's hard to live an **authentic** life when it seems like every moment is waiting to be photographed.
  まるで一瞬一瞬が作り物のように思えたとき、**誠実な**人生を送るのは難しいことだ。

- It's hard for me to judge whether the politician's apology was **sincere**.
  政治家の謝罪が**心からの**ものかどうかを判断するのは難しい。

- I'd like to express my **heartfelt** gratitude to everyone in the audience gathered today to hear me speak.
  本日、ここにお集まりの皆さまに**心からの**感謝を申し上げます。

▶ **genuine**「正真正銘の、本物の」 カジュアル・フォーマル

用法① genuineは「本物の」という意味

genuine は「本物の」という意味で、genuine Italian leather（本物のイタリアの皮）、genuine person（本物の人物）、genuine effort（本当の努力）のように使う。特に、genuine effort はよく使われる。

例えば、教師が生徒に、You have to make a genuine effort to improve your English ability.（英語力をあげるために、本当の努力をしなさい）と使う。中途半端に宿題をやるのではなく、考えながらきちんと勉強してほしい、というニュアンスが伝わる。

▶ authentic「正統な、本物の」 カジュアル・フォーマル

用法① authenticは、物質的なものを「本物の」と表すときに使う語
authentic も genuineと同じように、**物質的な物を描写するときに「本物の」**という意味で使う語。
authentic は lifeと一緒に使われることが多く、To live an authentic life/To be authentic で「自分の本質に沿って生きていく」という意味。また、Show your authentic self on social media.（ソーシャルメディアに自分の本当の姿を見せろ）は、「偽物の自分」ではなく、悲しみや怒りを表す姿も含め、自分の「本質」を登場させるという意味。

▶ sincere「誠実な」 カジュアル・フォーマル

用法① sincereは「誠実な」という意味
sincere person で「誠実な人」。嘘をつかず、良い意味で自分の本音を言う人のこと。genuine、authentic、sincere のいずれも人を描写するとき、似た意味合いを伝えることができる。**sincereと組み合わせて使うことの多い語として sincere apology** がある。偽物の謝罪ではなく、心から謝るときに使う語。Make a sincere effort to learn English. のようにも使える（genuine 用法①）。

▶ heartfelt「心からの」 カジュアル・フォーマル

用法① heartfeltは「（人の言動に対して）心からの」という意味
heartfelt は heart「心」+felt「感じた」で、「心からの」という意味。そのため、人の性格ではなく、**人の言動について「心からのものだ」**と表すときに使う語。
用法② heartfelt letterや heartfelt appreciationがよく使われる語
やさしさが伝わる heartfelt letter（心からの手紙）や heartfelt appreciation（心からの感謝）という語をよく使う。Academy賞を受賞したときのスピーチでよく聞くのが次のような文。
例：I'd like to express my heartfelt appreciation to the Academy for awarding me this honor.（この栄誉を授与してくれたアカデミーに、心からの感謝を表したいと思います）
heartfelt appreciation は sincere gratitude とも言えるが、genuine gratitude や authentic gratitude とは言わない。

COLUMN

● 本格的な日本食（通訳案内士の現場から）
旅の大きな楽しみは「食」。日本に旅行に来る外国人のお客様も本格的な日本食を堪能するのを楽しみにお越しになります。「本格的な日本食」は authentic Japanese cuisine と言います。
もともと海外でも人気の高かった和食ですが、世界無形文化遺産に認定された（designated as UNESCO's Intangible Cultural Heritage）こと、また世界的な健康ブームの後押しもあって、更に世界で注目されていますね。

怒っている

annoyed
(特に人の習慣的な行動や好みに
対して)イライラする

angry
腹が立つ

enraged
激怒した、ひどく立腹した

怒りの程度
普通

irritated
(人の行動だけでなく環境や音などに)
イライラする、じれったい

怒りの程度
強

違いがわかる例文

- I'm **annoyed** with you for forgetting to call last night.
  昨晩あなたが電話してくれるのを忘れていたことで、**イライラ**しています。

- The sound of people smacking their lips **irritates** me to no end.
  唇鳴らしの音にどうしようもなく**苛立**ちます。

- He said he was **angry** with his wife for reading his phone messages,
  even though he was the one who was cheating on her.
  彼は浮気をしていたのだが、それでも彼は、妻が彼の電話のメッセージを読んだことに**怒っていた**と言った。

- I'm **enraged** at how the government responded to the pandemic.
  パンデミックに対する政府の対応の仕方にひどく**立腹している**。

▶ **annoyed**「イライラした」 カジュアル・フォーマル

用法① be annoyed with/at/by...で「〜にイライラした」と自分の気分を表すことが多い

atは annoyed at my husband's remarks（夫の言葉にイライラした）のように一時的な苛立ちに対して使うことが多く、withは annoyed with my husband（夫にイライラした）のようにwithのあとは［人］を置くことが多い。そしてbyは、annoyed by my husband's singing（夫が歌うことにイライラした）のように、わりと習慣的になっていることに使うことが多い。

用法② 動詞annoyは主語に好まない人や状態・行動を置くことが多い

例：My husband annoys me.（夫は私をイライラさせる）
My husband is annoying. とも言う。

▶ **irritated**「じれったい」 カジュアル・フォーマル

用法① be irritated with...「〜にじれったい」と自分の気分を表すことが多い
annoyedより少し「イライラしている」程度が強い。

例：I'm <u>irritated with</u> my children for leaving all the lights on in the house when they went out.（外出したときに、家中の電気をつけたままにする子どもにイライラしている）

用法② irritateは「皮膚をヒリヒリさせる」意味もある

irritate the skinで「皮膚をヒリヒリさせる」、irritatingは「神経に障る」という意味。

例：The sound of drilling from the construction site across the street is so <u>irritating</u>!
（通りの向かいの工事現場からのドリル音がすごく気に障る！）

▶ angry「怒っている」 カジュアル・フォーマル

用法① be angry with/about/at...で「〜に怒っている」という意味でよく使う

atとwithのあとは［人］がくることが多く、aboutのあとは［状態］がくることが多い。

用法② be angry that...「〜について怒っている」と使うことも多い

例：I'm <u>angry that</u> you didn't call me.（あなたが私に電話しなかったことに怒っている）

angryをannoyed、irritatedにしても良いが、angryのほうが怒りの程度が強い。

用法③ angerは動詞としても名詞としても使える

例：This situation <u>angers</u> me.（この状況が私を怒らせる）

irritatesよりも怒りが強く伝わる。

▶ enraged「激怒した、ひどく立腹した」 ややフォーマル

用法① angryよりも怒りの度合いが強い形容詞のenraged

en（中を表す接頭辞）+rage（激怒を表す名詞）でenrage「激怒させる」。**angryよりも怒りの程度が強いが、よく使う前置詞の組み合わせはangryと同じで、enraged with/at/about/thatが多い。**社説など堅い文章で、I'm <u>enraged at</u> the politician's willingness to tell bald-faced lies on national TV.（政治家が国営テレビで厚顔無恥な嘘をつくのを厭わないことにゾッとします）のように社会現状や市民（国民の気分）に影響する場合によく使う。

COLUMN

● レベル別！ 怒りの慣用表現

同じ「怒り」という感情でも、程度により様々な言い回しがあります。

[怒りレベル1：ちょっとイライラ]

He's nothing but a pain in the neck.（彼は私の悩みの種そのものなのよ）

[怒りレベル2：イライラが続いてちょっと困る]

He really winds me up. He always makes strange noises when he eats.（彼には本当にイライラするわ。食べるときにいつも変な音を立てるんだもの）

[怒りレベル3：この怒りを誰かに伝えたい！]

I'm almost losing my temper!（もう我慢ならない！）

[怒りレベル4：もう我慢ならない！]

I was really furious at what he said.（私は彼の言ったことに怒り狂った）

万が一、誰かを怒らせてしまったら…I'm terribly sorry about that. と素直に謝りましょう。

037　親切な

nice
良い

kind
親切な

cordial
心のこもった、誠心誠意の

カジュアル

friendly
好意的な

フォーマル

違いがわかる例文

- It'd be **nice** if I had the time and money to take a trip to Hawaii.
  もしハワイ旅行をする時間とお金があったら、きっといいだろうな。

- Why can't we all just be **kind** to each other?
  どうしてお互いに親切になれないの？

- The atmosphere at that restaurant is really **friendly**, and the staff always tell the funniest stories.
  あのレストランは本当に心地よい雰囲気で、スタッフはいつもとても面白い話をしてくれます。

- As a professional, your most important job is to maintain **cordial** relationships with your colleagues.
  プロとして、あなたの最も重要な業務は同僚との友好的な関係を維持することです。

▶ nice「良い」 カジュアル

用法①　niceはカジュアルな語で「良い」という意味
niceはカジュアルで、「良い」という意味の語。a nice personは「良いこと」をやる人ということ。礼儀正しく行動する、という意味も含む。

用法②　使い方によってはniceは、「薄っぺらい」意味になるので注意
nice words（良い言葉）、nice suggestion（良い提案）と言うと、場合によっては「深みがなく、薄っぺらい、表面的な」というネガティブな意味になる場合があるので注意したい。

例：That's a <u>nice suggestion</u>, but I don't think it will work.（それはいい提案だが、うまくいくと思わない）

niceはkindより「表面的」なイメージが伝わる。

用法③　nice to/about/around...という前置詞の組み合わせが多い
nice to...（～［人］に良くする）、nice about...（～について良くする）、nice around...（～［人］の周りに良くする）のように使うことが多い。nice with...（～と一緒に良くする）は、Please make <u>nice with</u> each other.（仲良くしてください）と言うときに使うことが多い。

▶ kind「親切な」 カジュアル・フォーマル

用法① niceよりも深い意味で「親切な」という意味
a kind personと言うと、ただ「良い人」というだけのnice personよりも深い意味で「親切な人」という意味。考えて、人に優しく行動する人がイメージできる。
用法② be kind to...「〜に優しくする」で使うことが多い
例：Be kind to others.（他人に優しくしなさい）、Be kind to yourself.（自身に優しくしなさい）
用法③ 人にも物にもkindを使うと「優しい」という意味になる
例：lotion that's kind to the skin（肌に優しいローション）
niceやfriendlyは上記の例では置き換えられないが、代わりにgentleを使うことができる。

▶ friendly「好意的な」 カジュアル・フォーマル

用法① friendlyは-lyで終わっているが副詞ではない
名詞friend「友達」からきている形容詞。-lyで終わる語だが、副詞ではない。
用法② 雰囲気、人や言葉と一緒に使うことが多い
atmosphere（雰囲気）やperson（人）、words（言葉）と一緒に使うことが多い。また、friendly adviceという組み合わせも多く使われ、友達としてアドバイスをあげたいときに使う。nice adviceやkind adviceと言い換えることはできない。

▶ cordial「心のこもった、誠心誠意の」 フォーマル

用法① cordialはフォーマルで、ニュースで頻出の語
例：establish cordial relations between the countries（国と国の間の友好関係）
用法② cordialは「歓迎する」という意味もある
例：The ambassador was greeted with a cordial welcome at the airport.（その大使は、空港で心からの歓迎で迎えられた）
用法③ cordialは、ネガティブな名詞とも組み合わせることがある
「心からの」という意味であるため、必ずしも「友好的」なニュアンスで使うわけではない。cordial hatred（心からの憎しみ）のように**ネガティブな名詞と使うこともある**。

ほかの表現

- tender「優しい、思いやりのある」
  The grandmother was tender with her grandchildren.（祖母は孫に優しかった）
- gentle「優しい、寛大な」
  Her husband has a gentle manner.（彼女のご主人はとても優しい人だ）

038 失礼な

impolite
無礼な、失礼な

vulgar
下品な、粗野な

rude
失礼な

insulting
侮辱の

失礼度の度合い
普通

失礼度の度合い
強

違いがわかる例文

- In Japan, it's considered **impolite** to point your finger at someone.
  日本では、人を指差すことは**失礼**にあたると考えられています。

- Insulting your mother in front of your guests was terribly **rude**.
  お客様の前で自分の母親を侮辱するのは非常に**無礼**なことです。

- The language in that movie is absolutely **vulgar**. I can't even sit through it.
  あの映画の中の言葉遣いは本当に**品**がなくて、最後まで観ることすらできなかったよ。

- All he does is sit around and make **insulting** remarks on social media.
  彼がやっているのは、ダラダラと時間を過ごしながらSNSで**侮辱的な**コメントを残すことだけです。

▶ impolite 「無礼な、失礼な」 ややフォーマル

用法① impoliteはpolite「丁寧な」の反対語で、「丁寧ではない」という意味
社会のマナーを考慮せず行動していることをimpoliteと表現する。
例：In America, it's impolite not to tip your waiter.（アメリカでは、ウェイターにチップを出さないと失礼です）

▶ rude 「失礼な」 カジュアル・フォーマル

用法① impoliteよりも**失礼な**rude
例：It's rude to speak loudly on the train.（電車の中で大きな声で話すのは失礼だ）
他の乗客の気持ちを無視している点でimpoliteよりもrudeを使うのが適切。
用法② rude+［to不定詞］で**マナーやルールを説明することが多い**
impolite+［to不定詞］も同じよう使うことができる。impoliteの用法①やrudeの用法①

の例のように、「to不定詞することはrude/impoliteである」とマナーやルールを説明するときによく使う。

用法③ rudeは「おおざっぱ」という意味もある

rude construction（おおざっぱな建設）のように使う。「失礼な」という意味ほど使われないが、覚えておくと便利。**「おおざっぱ」というイメージから「失礼」の意味**もイメージしやすいだろう。

▶ vulgar「下品な、粗野な」 カジュアル・フォーマル

用法① vulgarは「下品な、はしたない」などの意味

vulgarは vulgar language（はしたない言葉）、vulgar movie（下品な映画）のように**ネガティブな意味で「下品、粗野な」**という意味。その他、「教育レベルが低い、素朴な」という意味で［人］を修飾することもある。

例：That politician appeals to the vulgar masses.（その政治家は俗流に人気だ）

その政治家は、低俗な考え方をするような人々の間で人気があるという意味。

vulgar masses は政治に関する話題で多く使われている決まり文句。ただし、筆者の個人的な考えとしては「下層階級＝下品」のように聞こえて少し違和感がある言葉である。

▶ insulting「侮辱の、無礼な」 フォーマル

用法① insultingは「侮辱されるくらい失礼な」というニュアンス

insult「侮辱する」という動詞からきている形容詞であるため、insultingは**「侮辱されるくらい失礼な」**という意味。

そこから、マナーを守らずに行動して、人の心に傷をつけるほど「失礼な」というニュアンスがある。insulting words（侮蔑的な言葉）、insulting behavior（侮辱的な行動）のように使う。

ほかの表現

• discourteous「失礼な、非礼な、無礼な」
  The teacher responded sensitively to the student's discourteous remark.（教師は生徒の非礼な言葉に敏感に反応した）

039 今、現在

vocabulary	イメージ
present	例：present girlfriend「今の彼女」、 present with my girlfriend 「自分のすべてが彼女と一緒にいる」
current	例：current president「今の大統領」、 current with the latest trends「最新のはやりに乗る」
contemporary **(contemporaneous)**	例：contemporary literature「戦後の文学」、 contemporary accounts of the war 「戦争に関する当時の記録」
modern	例：modern history「約1600年〜20世紀の歴史」、 modern-day Tokyo「現在の東京」

違いがわかる例文

- All employees were **present** at the meeting.
  すべての従業員が会議に**出席**していた。

- The **current** CEO is planning to announce his resignation next week.
  現在のCEOは来週、辞意を表明するつもりである。

- The historian considered it his primary task to weave **contemporary** accounts into a coherent narrative.
  その歴史家は、彼の優先課題を、**当時の**記録を首尾一貫してわかりやすい談話としてまとめるあげることだと考えていた。

- The Tokugawa Shogunate governed from Edo (**modern**-day Tokyo).
  徳川幕府は江戸（**現在の東京**）から統治した。

▶ present「現在の」 カジュアル・フォーマル

用法① presentは「今の」という意味

ここで紹介する4つの単語の中でpresentは**最も「今の」という意味に近い**。stay in the <u>present</u>（今を生きる）のように名詞としてよく使われたり、Take time to be <u>present</u> with a person.（人と一緒にいるには時間をかけろ）のように形容詞として使われることが多い。to be <u>present</u> with a personはただ「一緒にいる」だけではなく、心身ともにその人と一緒にいるという意味。be <u>present</u> with a taskやbe <u>present</u> with experienceという表現も頻出する。

▶ current「現在の」 カジュアル・フォーマル

用法① current は「今の、今の社会の」という意味

名詞 current は「川や海の流れ」という意味があり、**流れている川のイメージ**がある。そのため、形容詞 current は「今の」または「今の社会の」という意味になる。ニュースなどで、the current president「現在の大統領」という表現は頻出。

用法② 社会現象を描写するときは current を使う

keep current with the latest trends（最新のトレンドで時代についていく）、current affairs（時事）のように使う。

▶ contemporary, contemporaneous「現代の、同時代の」 ややフォーマル

用法① contemporary は「（戦後以降）現代の」という意味

contemporary は「戦後以降」という時代を示し、**modern よりも「近年」のイメージ**。

用法② contemporary は「同時代の」という意味もある

「同時代」という意味もあり、contemporary accounts (of an event 等)のように言うことが多い。Fukuzawa Yukichi and Itō Hirobumi were contemporary with each other.（福沢諭吉と伊藤博文は互いに同年代だ）のような使い方もある。同じような意味で、やや硬い語である contemporaneous を使って社会現象を描写することもできる。

例：The Protestant Reformation was contemporaneous with the invention of the printing press.（プロテスタントの宗教改革は、印刷機の発明と同時期に行われた）

▶ modern「現代の、近代の」 カジュアル・フォーマル

用法① modern は学問的に使う「近代の」という語

the modern era「近代」がいつかは学問や学者により異なるが、modern history と言うと 1600 年頃から、modern literature は 1800 年頃からがおおよその目安。

用法② modern は「現代的な」という意味もある

modern design と言うと「今の」よりも**「現代的な」というニュアンス**が強い。modern-day Kyoto で「現在の京都」という意味。

例：The Heian capital was located in modern-day Kyoto.（平安京は現在の京都に存在した）

COLUMN

• 金沢 21 世紀美術館

外国人に人気の観光地である「金沢 21 世紀美術館」は「新しい文化の創造」と「新たなまちの賑わいの創出」を目的として開設された美術館で、様々な現代美術が展示されています。常設展示作品である「スイミング・プール」はとても有名ですよね。さて、この美術館の英語名を皆さんご存知でしょうか？ 21st Century Museum of Contemporary Art, Kanazawa です。このページでご紹介の contemporary（現代の）が使われていますね。

040 十分な

vocabulary	相性の良い名詞	相性の良い動詞・形容詞
enough	・量・程度（例：food, moneyなど） ・抽象的な名詞（例：loveなど）	例：good **enough**, work **enough**
satisfactory	・レベルや基準（例：performanceなど）	例：perform **satisfactorily**
sufficient	・量・程度（例：food, moneyなど） ・質（例：performanceなど）	例：perform **sufficiently**
adequate	・量（例：food, moneyなど） ・質（例：performanceなど）	例：perform **adequately**

（左の矢印：上から「十分な」→「足りる」）

違いがわかる例文

- The family saved **enough** money to take a trip to Hawaii.
  家族はハワイ旅行をするのに**十分な**お金を貯めていた。

- The patient's condition is **satisfactory**, but she needs to remain in the hospital for a few more days.
  患者の状態は**申し分なかった**ものの、彼女はあと数日は病院にいる必要があった。

- The company doesn't have **sufficient** funds to hire new staff.
  その企業には、新たな従業員を雇用するための**十分な**資金がなかった。

- The employee's performance is **adequate** but not outstanding.
  その従業員の能力は**事足りて**はいたが、突出して素晴らしいというわけではない。

▶ enough「十分な」 ややカジュアル

用法① 形容詞のenoughは「量や程度が**十分な**」という意味

enough+［名詞］+［to不定詞］ または enough+［名詞］+for+［目的語］と使うことが多い。

例：enough food to live（生きるために十分な食べ物）、enough money for a car（車に十分なお金）

enough+［抽象名詞］という使い方もある。

例：enough experience（十分な経験）、enough support（十分なサポート）など

用法② ［形容詞］+enoughまたは［副詞］+enoughの語順に注意

副詞のenoughは、［形容詞］+enough または、［動詞］+［副詞］+enough の語順になるので注意。

例：be good enough（十分良い）、run fast enough（十分速く走る）

▶ satisfactory「満足の」 ややフォーマル

用法① satisfactoryは「満足で、十分良い」という意味
動詞satisfyからきている形容詞であるため、「満足で、十分に良い」という意味。
satisfyingとsatisfactoryは、ややニュアンスが異なる。
satisfying mealは満足していて、**量・質のいずれも良い食事**というニュアンス。
satisfactory mealはおいしいと言うほどではないが、**まあまあ良い食事**というニュアンス。
用法② satisfactoryはレベルや基準なども表す語
アメリカの小学校によっては成績をE=Excellent、S=Satisfactory、U=Unsatisfactory
と表すところもある。また、病院で患者が「良好」な状態であることをsatisfactory
conditionと言う。

▶ sufficient「十分な」 ややフォーマル

用法① sufficientは「ある目的のために量・程度・質が十分な」というニュアンス
sufficient income to sustain this lifestyle(このライフスタイルを維持するのに十分な収入)と
いう使い方が適切。self-sufficientで「自分でできる」という意味で、self-sufficient
lifestyleは「(例えばスーパーに行かないで)自分で食料を確保する」ようなイメージ。
用法② 反対語のinsufficientも頻出の語なので覚えておこう
例：Insufficient sleep leads to poor health.(不十分な睡眠は不健康を招く)

▶ adequate「足りる」 ややフォーマル

用法① adequateは「ある目的に足りる」というニュアンス
sufficientよりadequateのほうが「満足度」が少し低く、「ギリギリ十分な」、「足り
ている」。例えば、This is an adequate meal.は「ギリギリ足りている食事」。
用法② 反対語のinadequateは「不備な、不適切な」という意味
例：Her skill was inadequate for that task.(彼女の能力はその仕事には不適切でした)
　　We have insufficient funds.(私たちは、お金が足りていない)
1文目は否定していて、2文目は不足しているのであって否定しているわけではない。

ほかの表現

- passable「(通過できるくらい)まずまずの」
  That restaurant's food is passable but nothing to write home about.(あのレストランの
  料理はまあまあですが、特筆すべきものは何もありません)
- tolerable「(我慢できるくらい)まずまずの」
  The weather, though not ideal, is tolerable.(理想的な天気ではないけれどもまだ我慢でき
  る[我慢できる範囲だ])

041

落ち着いている

vocabulary	イメージ
calm	I feel **calm**.（環境とは関係なく、気分が落ちついている）
relaxed	I feel **relaxed**.（リラックスできる場所や環境にいる）
at peace	I feel **at peace**.（平和的な気分）
serene	What a **serene** place!（なんて穏やかな場所なんだろう！）

違いがわかる例文

- I did everything I could to try to **calm** my child, but she wouldn't stop crying.
  子どもを落ち着かせるために出来る限りのことをしたんだけど、全然泣き止んでくれなかったの。

- I can **relax** at the beach.
  浜辺では**リラックス**できる。

- Though he desperately wanted to become a pro basketball player, he had to **make peace with** the fact that he's not cut out for the NBA.
  彼がバスケットボールの名選手になることを熱望していたとしても、彼は自分がNBAには向いていないという事実に**向き合わ**ないといけないよ。

- Take a moment to look up at the **serene** sky.
  ちょっとだけ、穏やかな空を見上げてごらんよ。

▶ calm「落ち着かせる」 カジュアル・フォーマル

用法① 他動詞calm (down)...で「〜を落ち着かせる」という意味
calm down a crying baby のように目的語を入れても、You need to calm down.（あなたは落ち着く必要がある）のように目的語を入れなくても使える。
用法② 形容詞のcalmは人の気分・環境を描写することも多い
例えば、I feel calm.（落ち着いている気分です）のように使う。性格を表すときも He's a calm person.（彼の性格は落ち着いている）のように使うことができる。また、a calm classroom（落ち着いた教室）のように落ち着いている雰囲気・環境を表すこともできる。

▶ relax「力を抜く、楽にさせる、くつろがせる」 カジュアル・フォーマル

用法① relaxは自動詞としても他動詞としても使える「落ちつかせる」という意味

自動詞として使うときは人を主語にすることが多い。他動詞で使うときは、muscles（筋肉）やgrip（握ること）などを目的語にすることが多い。relax laws and regulations（法と規制を緩和する）という使い方も多い。

用法② 受動態の形容詞、relaxedで人の気分を表すことが多い

relaxedは、例えば、浜辺でのんびりレモネードを飲みながら空を見ているような**リラックスしたイメージ。calmは、何があっても冷静で落ち着いている人のイメージ**（左表参照）。

▶ at peace, peaceful/make peace 「平和な」 カジュアル・フォーマル

用法① at peace with...「〜と仲が良い、平和だ」という意味

at peaceは、I feel <u>at peace</u>.（私は平和的な気分です）のように使う。また、at peace with...で「〜と仲が良い、平和だ」というイディオムがある。**withのあとはネガティブな物事がくることが多い**。例：I am <u>at peace with</u> his faults.（私は彼の欠点を気にしない）

用法② make peace with...「〜と和解する、仲直りする」

withのあとの目的語は「人」の他、ネガティブなことがくることが多い。

例：<u>make peace with</u> my troubled past（私のやっかいな過去と和解する）

用法③ 環境・状態を表すときは、peacefulを使う

例：We had a <u>peaceful</u> discussion.（私たちは、平和な議論を行った）

ある問題について話していたが、その議論の状態は平和的だったというニュアンス。

▶ serene 「のどかな、落ち着いた、穏やかな」 ややフォーマル

用法① sereneは自然や環境、顔について表現するときに使うことが多い語

例：a <u>serene</u> smile（穏やかな笑顔）、a <u>serene</u> environment（落ち着いた環境）

用法② sereneは晴れた空を描写することが多い

sereneは晴れている空を描写することが多い。Ever serene and fair skyはエデンの園の天のこと。そこからsereneは天国のように落ちついている環境を表す。

COLUMN

> **● お茶の世界から 「和敬清寂」**
>
> 茶道の通訳をする際、床の間の掛け軸に「和敬清寂（わけいせいじゃく）」という、お茶の心がすべて込められた言葉が書かれていたら、英語でどうお伝えしますか？ 一例をご紹介すると…
> These four Chinese characters show the core spirit of tea ceremony.
> 和 means "harmony"（ハーモニー）、敬 means "respect for each other"（互いに尊重する心）、清 means "purity of heart"（心の清らかさ）、寂 means "tranquility of mind"（動じない落ち着いた心）
> 掛け軸は亭主のおもてなしの心を表現するもの。その心遣いまでお伝えしたいですね。

042

意識している

vocabulary	イメージ
aware	・「…を知っている」、「…を気づいている」という意味 ・ポジティブなニュアンス
conscious	・「…を意識している」という意味 ・ネガティブなニュアンス
mindful	・「…を気にしている」という意味 ・ヨガや瞑想の言葉
cognizant	・「(特に経験から知ったこと)を認識している」

違いがわかる例文

- I'm not **aware** of any major problems on the production line, but I'll check with the QA manager.
  生産ラインに関しては何ら重大な問題は**認識**しませんでしたが、品質保証管理者にも確認をしてみます。

- I was **conscious** of my boss watching me during my presentation.
  発表中、上司に見られていることに**気づいた**。

- Please be **mindful** not to harm others with the words you use.
  あなたの言葉で人を傷つけないように**心を配って**くださいね。

- I'm **cognizant** of the amount of time and work required because of previous experience working on similar projects.
  同様のプロジェクトに携わった過去の経験から、膨大な時間と作業が必要となることを**認識**しています。

▶ **aware**「〜を知っている、気づいている」 カジュアル・フォーマル

用法① awareは「〜を知っている」という意味が強い

aware of... と **aware that...** という形で使うことが多い。aware of one's surroundings（［人の］環境を気にする）や aware of what's going on（何が起きているか、気づいている）のように使う。

例：Be aware of your breath[body].（自身の呼吸［身体］を気にしてください）

用法② self-awareはポジティブな意味で「自己認識する」

self-awareは、**ポジティブな意味で**「自身の存在や行動、思考に気づく」という意味。

▶ conscious 「意識している」 カジュアル・フォーマル

用法① conscious は「意識している」というニュアンス

conscious の反意語 unconscious は「（医療的に）意識不明」という意味があると知っていると、**conscious が「意識している」** というニュアンスだとわかりやすい。I'm conscious of how I appear to others. と言うと、I'm aware of how I appear to others. より強く、**自分が他人にどう見られているか意識していることが伝わる。** I'm aware of... は「知っている」、conscious は「気になっているほど意識している」ニュアンス。

用法② self-conscious はネガティブな意味で「人目を気にする」

self-aware と異なり、self-conscious は**ネガティブな意味で「人目を気にする」**という意味。

例：I'm too self-conscious to speak in English.（人目を気にしすぎて、英語で話すことができない）

用法③ 名詞 conscience は「道義心」、conscientious「良心的」と混同しないように

名詞 conscience は「道義心」という意味。conscience からくる conscientious は、「念入り」や「良心的」という意味。発音が似ているので混同しないように。

▶ mindful 「気をつけている、心がけている」 カジュアル・フォーマル

用法① be mindful of...「～を気にする」という形をよく使う

例：Be mindful of other people.（他人を気にしなさい）

not to 不定詞で使うことも多く、I'm mindful not to harm others.（他人を傷つけないように気にしている）のように使う。

用法② 名詞は、mindfulness でヨガや瞑想で頻繁に使われる語

名詞 mindfulness は、「今、この瞬間」に集中するという意味を持ち、**ヨガや瞑想などで頻繁に使われている語。**最近は、日本語でも自己啓発本の書名などでマインドフルネスという言葉を見かけるようになりましたね。

▶ cognizant 「認識している」 ややフォーマル

用法① be cognizant of は「（特に経験から知ったこと）を認識している」という意味

例：I'm cognizant of the risks involved because of my experience on previous projects.（今までのプロジェクトに関する経験から、巻き込まれたリスクを認識している）

用法② fully cognizant と fully と一緒に使うことが多い

fully cognizant は、「よく知っている！」というニュアンスが伝わる。

ほかの表現

- familiar「よく知っている」
  I'm familiar with the concept but haven't looked into it deeply.（そのコンセプトについてはよく理解していますが、まだ詳しくは見ていません）

043 普通の

common
一般的な、普通の

widespread
広く行き渡った

prevalent
一般に行われる、普及している、
流行している

ubiquitous
至るところにある

普及度
普通

普及度
広範囲

違いがわかる例文

- The two opposing sides found some **common** ground during the debate.
  討論の最中に、反対派の2名はいくつかの共通点を見つけた。

- Foreigners are often surprised to discover that toilets with advanced features are **prevalent** throughout Japan.
  外国人は、高機能なトイレが日本中に**普及している**ことを発見して、よく驚きます。

- There seems to be **widespread** interest in health and wellness throughout all sectors of the population.
  健康とウエルネスは、ありとあらゆる層が**広く関心**を持っていることのようだ。

- Potatoes are **ubiquitous** in German cuisine.
  じゃがいもは、ドイツ料理では**おなじみの**食材です。

▶ common「普通の」 カジュアル・フォーマル

用法① commonは社会現象を表すときによく使う「普通の」という意味の語

common customs and practices（一般的な習慣と慣習）のように、**社会現象を描写すると
きによく使う語**。It is common to 不定詞で「〜することは普通だ」も多く使う。

例：It is common to see people studying English on the trains in Tokyo.（東京では電
車の中で英語の勉強をしている人を見ることは普通だ）

用法② commonは「共通の」という意味もある

a common enemy[friend]「共通の敵［友人］」のような場合「共通の」という意味。
Two or more people share... in common.「2人かそれ以上の人で共通するものを共有
する」という使い方も覚えておこう。

▶ prevalent「普及している、流行している」 ややフォーマル

用法① prevalentは「普及している、流行している」という意味の語
動詞prevail「成功する」からきた形容詞prevalentは「成功した」が直訳で、そこから「普及している」「流行している」という意味に。**beliefsやideasのような社会現象と一緒に使うことが多い。**

用法② 「影響が強い」というニュアンスも
動詞prevailのイメージから、**「影響が強い」**というニュアンスもある。

例：Competition under capitalism is a <u>prevalent</u> force in technological advancement.
（資本主義下での競争は、技術の進歩に大きな影響を与えている）

▶ widespread「広く行き渡った」 ややフォーマル

用法① wide（広い）+ spread（広がる）で、widespreadは**「広く行き渡った」**
prevalentやcommonと同様、widespread beliefsやwidespread ideasという表現をよく使う。また、widespread interest in...「～に広く興味がある」という表現がよく使われる。

例：There is <u>widespread interest in</u> English throughout Japan.（日本では英語に関して広く関心がある）

▶ ubiquitous「偏在する、至るところにある」 ややフォーマル

用法① ubiquitousは最も広い場所で普及しているイメージ
He's a <u>ubiquitous</u> presence.（彼は、普遍的存在だ）というのは「どこにいても、彼の影響を感じる」という意味。

用法② 副詞ubiquitouslyはcommonlyよりも「普及度が広い」ニュアンス
ubiquitously held beliefsもcommonly held beliefsも同じ意味で「広く普及している信念」だが、**ubiquitouslyのほうが「普及度が広い」。**

COLUMN

● それって、ホントに英語かな!?
英語がそのままカタカナ英語として私たち日本人の生活に定着したものも多いのですが、中には和製英語も混ざっているのをご存知ですか!?少しだけご紹介します。

● SNS
Social Networking Servicesの略として、日本では頻繁に使われますが、実は英語圏ではsocial mediaが一般的です。

● コンセント
明治時代から「同心構造のプラグ」と言う意味で"concentric plug"という言葉が使われており、その略が現在の形だという説があります。英語では、"outlet"と言います。

<日本語がそのまま英語としても使われている例>
● kawaii　日本の「カワイイ文化」は世界でも愛されています!
● emoji　日本発祥の絵文字が海外でも親しまれています。ただし発音は「イモジ」。
● Tankan　日銀短観のことです。金融系の通訳の場合はこのまま使えます。

vocabulary	数えられる名詞の例	数えられない名詞の例
many	○many apples, many of the apples ＊many of applesとは言わない	✕
much	✕	○much milk, much of the milk ＊much of milkとは言わない
a lot	○a lot of (the) apples	○a lot of (the) milk
plenty of	○plenty of (the) apples	○plenty of (the) milk
abundant	○abundant apples	○abundant milk

違いがわかる例文

- I baked **many** cookies. Please take several home to your family.
  クッキーをいっぱい焼いたのよ。いくつかお家に持って帰ってね。

- I ate **a lot of** pizza yesterday and felt sick to my stomach.
  昨日ピザをたくさんいただいたから、お腹の具合が悪いです。

- There are **plenty of** fun things to do in this town.
  この町には楽しいことが**山ほど**ありますよ！

- The oceans in this area were once **abundant** in fish and marine life, but they have been irreparably harmed by human activity.
  このエリアの海は、昔は魚や海の生き物が豊富だったのですが、人間の活動によって取り返しがつかないほどの害を受けてしまったのですよ。

▶ many, much「多い」 カジュアル・フォーマル

用法①　数えられないものにはmuch、数えられるものにはmanyを使う
数えられない名詞を修飾するのがmuch、数えられる名詞に使うのがmany。
疑問文（How much...?/How many...?）や否定文（There aren't many.../There isn't much...）などでも使う。「多すぎ」と言う場合、too many... や too much... のいずれも使う。
用法②　many of.../much of... ＋[代名詞]または[限定名詞]
Many of the people I met last night at the party are also friends of Bill's.（昨夜のパーティで私が出会った多くの人たちはビルの友達だった）のように使えるが、特定していないpeopleでMany of peopleとは言わない。特定しないpeopleで「たくさんの人」と言いたいときは、Many peopleと言えば良い。

▶ a lot 「たくさんの」 ややフォーマル

用法① a lot of...またはlots of...「たくさんの…」と使うことが多い
much/manyと異なり、a lot ofは**数えられない名詞・数えられる名詞のいずれとも使うことができ、限定されていても限定されていなくても使える便利な表現**。<u>A lot of the people</u> I met at the party are also friends of Bill's.と言うこともできるし、限定せず <u>A lot of people</u> seem to like this book.（多くの人がこの本を好きなようだ）と言うこともできる。
用法② 副詞として使うこともできる
I ran <u>a lot</u>.（たくさん走った）のように副詞としても使える。I enjoy studying English <u>a lot</u>! と言えば「英語の勉強がとても好きだ」という意味にもなる。

▶ plentiful, plenty of 「たくさん」 ややフォーマル

用法① plentyは「たくさんの」「十分な」という意味
plenty は「たくさんの」という意味だけでなく、**「十分な」**というニュアンスも伝わる。There were plenty of apples.と言うとリンゴが多い、つまり、みんなで食べられるほどたっぷりあったというニュアンスが込められている。
用法② 他動詞の目的語として使うことも多い
例：I ate <u>plenty</u>.（たくさん食べた）、I studied <u>plenty</u>.（たくさん勉強した）
用法③ 形容詞plentifulは「通常よりも多い」ニュアンス
Apples were plentiful.と言うと、There were plenty of apples. より「一般的に（通常よりも）多い」というニュアンスが強い。例えば、Apples were plentiful in summer last year. と言うと、去年の夏のリンゴの収穫が例年より多かった、という意味。

▶ abundant 「たくさんの」 ややフォーマル

用法① abundantはポジティブな意味で「たくさんの」という意味
「豊富な」というニュアンスがあるため、abundant riches や abundant joy など、**ポジティブな語と一緒にポジティブな意味で使うことが多い**。

ほかの表現

- generous「豊富な; たっぷりの」
  He took a generous helping of mashed potatoes that he then drowned in gravy.
  （彼は大盛りのマッシュポテトを取り、グレービーソースにどっぷりつけた）
- lavish「豊富な、過敏な、贅沢な」
  She praised her employees lavishly but didn't follow through with pay increases.
  （彼女は従業員を惜しみなく褒めたけれども、昇給は伴わなかった）

vocabulary	数えられる名詞の例	数えられない名詞の例
a few, few	○(a) few apples, 　(a) few of the apples ＊(a) few of applesとは言わない	✕
a little, little	✕	○(a) little milk, 　(a) little of the milk ＊(a) little of milkとは言わない
one or two	○one or two apples, 　one or two of the apples ＊one or two of applesとは言わない	✕
a couple	○a couple of (the) apples	✕
a sprinkling	○a sprinkling of herbs	○a sprinkling of wonder
a modicum	○a modicum of services	○a modicum of truth

違いがわかる例文

- I baked **a few** cookies. Would you like one?
  ほんの少しだけどクッキーを焼いたの。おひとついかが?

- I have too **little** money to purchase a car.
  車を買うには、あまりにお金が少なすぎます。

- I may have **one or two** ideas that could help you out here.
  あなたの手助けになる良いアイデアが、1つ2つあるかもしれないわ。

- **A sprinkling of** humor is all you need to spice up your book.
  ちょっとしたユーモアこそが、君の本をより面白くするために必要なんだよ。

▶ a few, a little 「少し」 ややカジュアル

用法① 数えられる名詞にはa few、数えられない名詞にはa littleを使う

形容詞として使うとき、**数えられる名詞にはa few、数えられない名詞にはa little を使う。**

例：a few apples(少しのリンゴ)、a little milk(少しのミルク)

用法② a few of.../a little of ＋ [代名詞] または [限定名詞]

a few of these/a little of that/a few of the apples/a little of the milk のように、そのあとに代名詞や限定名詞を置くことはできるが、a few of apples や a little of milk のように限定されていない名詞は置くことができない (applesとmilk が限定されていないため)。

most/much/many/several も同様の使い方をするので、覚えておこう。

用法③ a little は副詞としても使える

例：I ran a little.（少し走った）

▶ few, little 「ほとんど…ない」 やややカジュアル

用法① few や little は「ほとんど…ない」という意味

a few や a little と使い方は似ているが、few と little は **「ほとんど…ない」という意味**。

用法② 副詞としても使える

例：I worked little today.（今日はほとんど働かなかった）

▶ one or two, a couple 「1〜2つの」 やややフォーマル

用法① one or two は名詞や形容詞として使える

one or two は名詞（主語や目的語）や形容詞（one or two apples など）として使える。 of をつけて「1〜2つの…」と言うときは、one or two of the apples のように必ず、「限定名詞（the apples）」が of のあとにくる（他の数字でも同様）。

用法② 「2つぐらい」は couple で表現する

couple は「2つ」という意味で、名詞として使うときは必ず、**a couple of...「2つの…」** と使う。なお、one or two と異なり、of のあとには限定名詞も限定名詞ではない名詞もくることができる（a couple of apples や a couple of the apples のように）。

また、**a couple を主語にした場合、動詞は複数形になる点で注意**が必要（a few も同様）。

例：A couple of apples <u>are</u> sitting on the table.（テーブルに2つのリンゴが置いてある）

A few <u>are</u> in the refrigerator.（冷蔵庫にいくつかある）

▶ a sprinkling, a modicum 「わずかの」 やややフォーマル

用法① a sprinkling of...「…の点在」

sprinkling は散らばっているイメージから、「散在する」。<u>a sprinkling of</u> herbs（散らばっているハーブ）のように使う。<u>a sprinkling of</u> wonder（驚異の点在）や <u>a sprinkling of</u> hope（希望の点在）など、**ポジティブな抽象名詞と一緒に使うことも多い。**

用法② a modicum of...「すずめの涙ほどの…」

modicum も**フォーマルな場面で**、a modicum of truth（若干の真実）のように使う。

例：There is <u>a modicum of</u> truth in what he says.（彼の発言には若干の真実が含まれています）

ほかの表現

- a handful 「一握りの量」
  A handful of our employees bring their own lunches, but most go out to eat.
  （少数の従業員は昼食を持参しているが、ほとんどは外に食べに出ている）

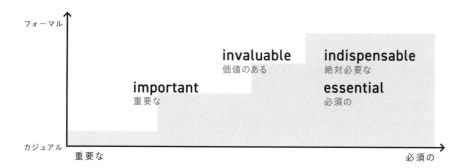

違いがわかる例文

- Ise Jingu is considered the most **important** shrine in Japan.
  伊勢神宮は日本で最も**重要な**神社とされています。

- She has made an **invaluable** contribution to the project.
  彼女はそのプロジェクトに非常に**貴重な**貢献をしてくれました。

- It's **essential** that students begin learning English in elementary school or before.
  小学生か、またはその前から英語を学ぶことは**必要不可欠**です。

- He has been an **indispensable** member of the staff since the day we hired him.
  彼は雇われたその日から、従業員の中で**欠くことのできない**メンバーとなりました。

▶ **important**「重要な」 カジュアル・フォーマル

用法① importantは「重要な」という意味
It's <u>important</u> to move on.（続けることが重要です）のように、**important+to+[限定不定詞]** または、It's <u>important</u> that you move on. のように、**important+[接続詞のthat]** という使い方をする。

用法② an important personで「偉そうな人、地位の高い人」という意味も
an <u>important</u> personと言うと「重要な人」という意味だけでなく「偉そうな人、地位の高い人」という意味になることもある。

例：He thinks he's so <u>important</u>!（彼はとても偉い人だと思っている）

▶ invaluable「非常に貴重な」 やや フォーマル

用法① invaluableは「非常に貴重」

invaluable は in（否定を表す接頭辞）+ valuable（貴重な）で「評価できないほどの価値の＝非常に貴重な」という意味。important のように to+［限定不定詞］や［接続詞のthat］をあとに置いて使うことはない。

用法② invaluableはビジネスやフォーマルなシーンで使う語

例：He has made an <u>invaluable</u> contribution to the project.（彼は、そのプロジェクトに非常に貴重な貢献をしてくれた）

▶ essential「必須の」 カジュアル・フォーマル

用法① essentialは「本質的な」という意味もある

essential は名詞 essence（本質）の形容詞で、**「本質的」という意味**もある。例えば、a person's <u>essential</u> character（人の本質的な性格）のように使う。

用法② essentialは「欠くことができない」、「必須の」という意味

「本質的」という意味から**「欠くことのできないほど重要な」「必須の」という意味**もある。例えば、English skills are <u>essential</u> in the job market.（英語のスキルは雇用市場では必須だ）、non（否定の接頭辞）と組み合わせて non-<u>essential</u> outings（不要不急の外出）という使い方もある。

用法③ essentialは「基本」という意味もある

例：the <u>essentials</u> of English grammar（英文法の基本）

▶ indispensable「絶対必要な」 やや フォーマル

用法① indispensableは「絶対必要な」という意味

in（否定を表す接頭辞）+ dispensable（なくても済む）で、indispensable は「絶対必要な」。

用法② indispensableは人に使うと「いなくてはならない」という意味

an <u>indispensable</u> team member のように人を形容すると「いなくてはならないメンバー」という意味になる。**important よりも重要度が高い**ニュアンス。

COLUMN

- **なんでも "できる"？ 接尾辞 -able**

名詞の語尾にableやibleをつけると、なんでも「できる」子になっちゃいます！

- understand（理解する）+able →understandable「理解できる、当然の」
- sustain（持続する）+able →sustainable「持続可能な」

その他、話し言葉では最近こんな単語も出現しています。（辞書には載ってないかも！？）

- googleable「ググる」
- roombable「ルンバをかけられる」

047 強いられた

required
要求されている、
必須である

compelled
状態や圧力にやむを得ず強いられた

強制度
普通

obliged
義務がある

forced
非常に強い力で
逃げられないほど
強制された

強制度
強

違いがわかる例文

- You're **required** to keep your dog on a leash in this area.
  この区域では、犬はつないでおく**必要があります**。

- I feel **obliged** to reciprocate with a gift of equal value.
  頂いたのと同等のものを返礼しなければいけないという**義務**を感じています。

- The President felt **compelled** to take action to reduce carbon emissions.
  大統領は炭素排出量を削減**せざるを得ない**と感じていました。

- Japan was **forced** to concede many sovereignty rights when it signed Unequal Treaties with western powers in the mid 19th-century.
  日本は19世紀半ばに西欧列強と不平等条約を締結した際、多くの統治権を移譲することを**強いられた**。

▶ required 「要求されている、必須である」 カジュアル・フォーマル

用法① required は規制や法律などによって「義務づけられている」という意味
required は規制や法律により義務づけられているニュアンス。下記は、アメリカに行くと南米のあちらこちらでよく見かける文。

例：Liquor stores are required by law to close on Sunday.（酒販店は日曜日に閉めることが法律で義務づけられている）

用法② 主語を変えて、受動態でも能動態でも使われる
受動態にすると、次のように使うことができる。We are required to bring pencils to class. = Pencils are required.（鉛筆を持ってくることが必須です）
能動態に変えると、The teacher required us to bring pencils to class. のように言い換えることもできる。**決まり事として鉛筆を持ってこなくてはいけないというニュアンス。**

▶ obliged「義務がある」 ややフォーマル

用法① 通常、受動態で使われ、法律・倫理・社会によって「義務がある」という意味
obligeは通常、**受動態で使われ、法律や倫理・社会によって「義務がある」という意味**。be <u>obliged</u> by law to...、feel <u>obliged</u> to... のように使われる。
用法② お世話になった人のために何かするときもobligedを使う
例：I'm <u>obliged</u> to go to his retirement party because of all the help he's given me.（彼には大変お世話になったので、退職パーティーには喜んでお伺いします）
「感謝している」という意味でI'm much <u>obliged</u> to you for your help.（ご親切にどうもありがとうございます）という似た使い方もある。

▶ compelled「強いられた」 ややフォーマル

用法① compelledは状態（空腹、情熱、意思など）や圧力によって「やむを得ない」「どうしても続けざるを得ない」という意味
例：<u>compelled</u> by financial constraints to get a job（経済的に仕事をしないといけない）、feel <u>compelled</u> to eat chocolates（空腹や欲求からチョコを食べざるを得ない）
用法② 主語に法律や倫理がくることが多い
能動態にして、The law <u>compels</u> me to...（法律が私に…することを強いる）や My conscience <u>compels</u> me to...（私の良心が…することを強いる）のように使う。

▶ forced「強制された」 カジュアル・フォーマル

用法① forcedは非常に強い力で「逃げられないことをやる」ニュアンス
名詞force（圧力）のように、動詞のforceは**「強い圧力を与える」という意味**。非常に強い意味で「逃げられないことをやらなければいけない」というニュアンス。
例：I'm <u>required</u> to work overtime.（［規制などにより］残業をしなければならない）
I feel <u>obliged</u> to work overtime.（［上司への感謝の気持ちから］残業をしなければならない）
I'm <u>compelled</u> to work overtime.（［経済的等何かの事情から］残業をしなければならない）
I'm <u>forced</u> to work overtime.（［強い圧力により］残業をしなければならない）

ほかの表現

- coerced「強制してさせられる」
  Victims of domestic violence often feel coerced into staying with their abusers.
  （家庭内暴力の被害者は、往々にして虐待者と一緒にいることを強要させられているように感じる）

vocabulary	相性の良い語
(the) latest	fashion, trends, music, technology, magazine等
(the) most up-to-date	fashion, trends, music, technology等
cutting-edge	technology, research等
state-of-the-art	technology, research等

違いがわかる例文

- You need to download **the latest** version of the software to access that function.
  その機能を使うには、最新バージョンのソフトをダウンロードする必要があります。

- The scientist is **up to date** on research in his field.
  その科学者は彼の専門分野での最新の研究に精通している。

- The company is on the **cutting edge** of research into carbon sinks.
  その企業は炭素吸収源の最新の研究を行っている。

- We offer **state-of-the-art** design solutions to match your company's needs.
  我々は御社のニーズに合致した最新鋭のデザイン案を提供します。

▶ (the) latest 「最新の」 カジュアル・フォーマル

用法①　(the) latestは「最も遅い」という意味もある
latest は形容詞late(遅い) の最上級であるため、「最も遅い」という意味もある。例えば、the latest magazine cover は「最新刊の雑誌」。

用法②　(the) latestは、fashionやtrends、musicという語と相性が良い
例：She's up on the latest fashion.(彼女は最新のファッションに詳しい)

▶ up-to-date 「最新の、今日までの」 カジュアル・フォーマル

用法①　up-to-dateは「最新の」または「今日までの」という意味
up-to-date は **「最新の」** または **「今日までの」** という2つの意味がある。名詞の前に使うときはハイフン(-)を入れて使う(名詞の後はハイフンが不要)。

例：An up-to-date product is up to date.（最新の商品が最新だ）

用法② ［人］is(are) up to date on...で「［人］は最新の…に詳しい」

例：She is up to date on technology trends.（彼女は最新の技術動向に詳しい）

▶ cutting-edge「最新の」 カジュアル・フォーマル

用法① cutting-edgeは「最新の」という意味

刀身のように鋭いというイメージから、cutting-edge は「最新の」という意味。cutting-edge technology（最新の技術）やcutting-edge research（最新の調査）のように使う。

用法② ［人・会社］is(are) on the cutting edge of ［物事］という使い方もある

例：The scientists are on the cutting edge of research.（その科学者達は研究の最先端にいる）

「［人・会社］が［物事］の最前線にいる、最先端にいる」という意味。up to dateと同様、名詞の前ではない限りハイフンを使わない。

▶ state-of-the-art「最新式の、最先端の、最新鋭の」 カジュアル・フォーマル

用法① state-of-the-artは「最新の」だけでなく「最新鋭の」という意味も

ハイフンのあるstate-of-the-art は名詞の前にきて**「最新式の」**だけでなく**「品質が優れている」**という意味で**「最新鋭の」**という意味もある。state-of-the-art products（最新鋭の商品）はマーケティングで使える表現。

用法② ［家の造りや物の作り］is state of the art. と使うことも多い

例：This kitchen is state of the art.（このキッチンは最先端です）

COLUMN

- **最新のネット用語をcheck!**

ネットのやり取りの中で生まれるネットスラングやジャーゴンも面白いものです。それを少しだけご紹介します。

- sick

ここでの"sick"は「かっこいい！」という意味になります。日本でも、「すごい！」の代わりに「ヤバい！」と言ったりしますよね。

例：Did you see his new car? That was so sick!（彼の新車見た？めっちゃカッコよかったよ！）

- lol

laughing out loudの略で、英語版の「www」です。

- literally

最近海外のセレブの会話の中でよく耳にします。「ガチで」とか「マジで」というニュアンスで、気持ちを強調するときに使われています。

例：To get his concert ticket, I literally waited in line forever!（彼のコンサートチケットを取るために、マジで永遠に列で待ってたよ！）

049 体が硬い・痛い

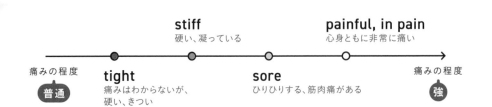

stiff
硬い、凝っている

painful, in pain
心身ともに非常に痛い

痛みの程度 **普通**

tight
痛みはわからないが、
硬い、きつい

sore
ひりひりする、筋肉痛がある

痛みの程度 **強**

違いがわかる例文

- My body feels **tight**. I want to stretch.
  体が少しこわばっている感じがするわ。ストレッチしたいな。

- After sitting in front of the computer all day, my shoulders are **stiff**.
  1日中パソコンの前に座っていたので、肩が凝っています。

- My legs felt pretty **sore** for a couple of days after the marathon.
  マラソン後の2日間は、足がかなりの筋肉痛でした。

- If your body is **in** that much **pain**, I think you need to go see a doctor.
  もし体がそんなに痛むのだったら、お医者様に診てもらったほうが良いと思うけど。

▶ tight「きつい」 ややカジュアル

用法① tightは「きつい」、「ものが狭いところに詰め込まれている」イメージ
tight は「きつい」という意味で**「ものが狭いところに詰め込まれている」イメージ**。
例：tight clothes（きつい服）、tightly packed elevator（人の多いエレベーター）
用法② tight muscleで「硬い筋肉」
tight clothes（きつい服）から、tight muscles は「狭いところに詰め込まれている筋肉」＝
「硬い筋肉」と考えるとわかりやすい。flexible muscles（柔らかい、柔軟な筋肉）とは反
対のイメージ。

▶ stiff「硬い」 カジュアル・フォーマル

用法① stiffは板のように曲げにくいという意味
stiffは板のように曲げにくいという意味で stiff board（曲げにくいボード）、stiff shirt（のり
でぱりぱりのシャツ）などのように使う。ちなみにアルコール量が多いドリンクのことも stiff
drinkと言う。

用法② 肩こりはstiff shoulders

多くの人が苦しむ、いわゆる肩こりはstiff shouldersと言う。

stiffを使って「肩こりがある」は次のように表現できる。My shoulders are <u>stiff</u>. ＝ I have <u>stiff</u> shoulders. ＝ I feel <u>stiff</u>.

ただし、I feel stiff.は肩だけではなく、身体全体についてこりを感じるときに使う。

▶ sore 「痛い、ひりひりする」 カジュアル・フォーマル

用法① soreは「痛い、ひりひりする」という意味

sore は**筋肉以外でもsore throat（のどがひりひりする）のように使う**ことも多い。

その他、sore subject（話したくない話題、話すと痛みを感じる話題）のような使い方もある。

用法② 筋肉痛はmuscle soreness

「少し痛い」というイメージから、筋肉痛は muscle soreness と言う。

例：My muscles are <u>sore</u> after exercising all day yesterday.（昨日、1日中運動をしたら筋肉痛だ）

▶ painful, in pain 「痛い」 カジュアル・フォーマル

用法① pain, painfulは身体の痛みだけでなく、精神的な痛みも表す

My back is <u>in pain</u>. ＝ I have back <u>pain</u>.と言うと、**soreよりも痛みの程度がかなり強いことを表す**。

形容詞のpainfulを使ってpainful to the touchと言うと「触ると痛い」という意味。feel pain when I moveで「動くと痛い」という意味。pain は精神的な痛みも表し、例えば、心痛や苦労を表すこともできる。

例：I took great <u>pains</u> to do the work carefully.（念入りに仕事をするのに非常に苦労した）

COLUMN

• どのように「痛い」か伝えてみよう

自分の体調不良を伝えるとき、場合に応じて様々な表現を使いますよね。

特に、「痛み」には種類がたくさんあるので、それを少しだけご紹介します。

- **刺されるような痛み**…sharp pain
- **焼けるような痛み**…burning pain
- **ズキズキする痛み**…throbbing pain

050 透明な、不透明な

unclear, opaque
くすんだ

clear
透明な

不透明な

translucent
半透明な

transparent
透き通るほど透明な

透明な

違いがわかる例文

- Make sure your goals are **clear** and reachable before you begin.
  始める前に、最終目標が**明確**で到達可能であることを確実にしなさい。

- The management team decided to be **transparent** about the promotion process.
  マネージメントチームは広報の過程について**透明性**を確保しようと決めた。

- Reading George Eliot's **translucent** prose, I almost forget I'm not part of the world she describes.
  ジョージ・エリオットの**明快な**散文を読みながら、自分が彼女の描いた世界にはいないということをほとんど忘れてしまいました。

- The instruction manual is written in **opaque** language, so I have no idea how to use this.
  その取扱い説明書は**曖昧な**言葉で書かれていたので、どうやって使うのか見当もつきませんでした。

▶ clear「透明な」 カジュアル・フォーマル

用法① clearは物質的に「透明な」という意味

動詞clearは他動詞でも自動詞でもあり**「消える、消す」**というコアイメージがある。

自動詞：The sky cleared.（空は透き通っている）

他動詞：Clear the playing field.（遊び場を片づける）

そこから、形容詞としては「（雲が消えた）真っ青な空」のような、「物質的に透明な」という意味になる。（clear glass［透明なグラス］など）。

用法② 考え、指示、文章にclearを使うと「わかりやすい」という意味

例：<u>clear</u> instructions（わかりやすい指示）、<u>clear</u> writing（わかりやすい文章）、<u>clear</u> purpose（わかりやすい目的）

▶ transparent 「透明な、透き通る」 フォーマル

用法① transparentは「見通すことができる、透明な」という意味

trans-(「超える」という意味を持つ接頭辞)+parent(見える)でtransparent、つまり**see-through「見通すことができる」という意味**。物質的な物を描写する場合、transparentはclearとほぼ同じで「透明な」という意味(transparent glass[透明なグラス])。ただし、clearと異なり「雲ひとつない空」は描写できない。

用法② 人に使うと「何も隠し事のない」という意味

例：He was <u>transparent with</u> us about his motives.(彼は、動機について私たちに何ひとつ
　　隠していなかった)

例文のように前置詞のwith...、about... と一緒に使うことも多い。

▶ translucent 「半透明な」 フォーマル

用法① translucentは「光が通ることができる程度に半透明な」という意味

translucentは「光」という意味を持つlucentから「光が通ることができる」という意味。transparentと異なり、完全に見通すことができるわけではない、「半透明」のニュアンス。

用法② 文章に使うと「明快な」という意味

translucent writingは「はっきりしていて、綺麗な文章」という意味。**フォーマルな語であるため、本の評論などで「美しくてはっきりしている文」を描写するときに使われる。**

▶ unclear, opaque 「不透明な、くすんだ」 ややフォーマル

用法① unclear, opaqueは「不透明な、くすんだ」という意味

unclearとopaqueは「不透明な、くすんだ」という意味。物質的な意味でopaque glassというと「向こうを見通すことができないほど不透明な、くすんだグラス」。

用法② unclearもopaqueも「はっきりしていなくて、わかりにくい」という意味もある

unclearとopaqueの違いは、**opaqueのほうがフォーマルな語というだけである。**

例：My teacher's instructions were <u>unclear</u>.(私の先生の指示は不明瞭だった)
　　The writing was needlessly complex and <u>opaque</u>.(その文章は、不必要に複雑で不明
　　瞭だった)

ほかの表現

- unequivocal「あいまいでない、明白な」
  The Prime Minister was unequivocal in his remarks; the policy would be enacted.(首
  相は、その政策は成立するだろうと明確に述べた)
- vague「あいまいな」
  I have only a vague understanding of how this works.(これがどう作用するか、曖昧な
  理解しかできていません)

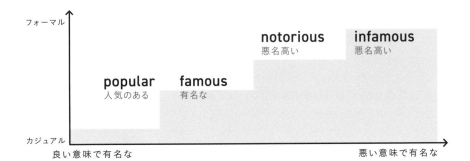

違いがわかる例文

- Yoshiwara was the infamous red-light district in Edo.
  吉原は江戸の悪名高い歓楽街でした。

- Los Angeles is notorious for its traffic congestion.
  ロサンゼルスは、ひどい交通渋滞で有名です。

- Would you rather be famous or live a quiet life?
  有名でいるのと、静かな生活を送るのとどちらを好みますか。

- The 20-year-old singer is popular among young girls.
  その20歳の歌手は若い女の子の間で人気です。

▶ infamous 「悪名高い」 ややフォーマル

用法① infamousは「悪名高い」という意味
infamousは「悪名の高い」という意味で、in（否定の意味を持つ接頭辞）＋ famousでネガティブな意味がある。infamous criminal（悪名高い犯罪者）、infamous place（悪名高い場所）などのように使う。

用法② 名詞はinfamy
名詞はinfamyで、フランクリン・ルーズベルトの演説の次のセリフがこの語を説明するのにわかりやすい。

例：Dec. 7, 1941, is a date which will live in infamy.（パールハーバー攻撃のあった1941年12月7日は、将来、恥辱として記録に残るであろう日だ）

▶ notorious 「悪名高い」 ややフォーマル

用法① notoriousも「悪名高い」だが、infamousよりは弱いニュアンス

notoriousもinfamousと同様、「悪名高い」という意味。**infamousほど、その悪さは強くないニュアンス**。notorious criminal（悪名高い犯罪）などと言う。

用法② notoriousは「よく知られている」という意味でも使う

単純に「よく知られている」という意味としても使われる。また、ある有名な歌手のステージネームでもあったため、infamousと違い、若干おしゃれなニュアンスも伝わる。

▶ famous 「有名な」 カジュアル・フォーマル

用法① famousは「よく知られている」という意味

famousは「よく知られている」という意味で「有名な」。famous movie star（有名な映画スター）、famous author（有名な作家）などと使う。

用法② famous for...「…で有名な」と使うことが多い

famous for...「…で有名な」として使うことも多く、Aomori is famous for apples.（青森はりんごで有名です）のように使う。

▶ popular 「人気のある」 カジュアル・フォーマル

用法① popularは「一般大衆に人気のある」というニュアンス

popularはpopulation（人口）と同じように、general public（一般大衆）と関係がある語で、「一般大衆に人気な」という意味を持っている。例えば、The political candidate won the popular vote.（その政治候補者は人気票で勝った）は、一般大衆からの人気票で人口の半数以上がその候補者に投票したというニュアンスがある。

用法② popular with[among]...「…の多くの人に好かれている」という意味も

「一般大衆の」というイメージから、「多くの人に好まれている」という意味もある。popular withやpopular amongのように前置詞と一緒に使うことが多い。

例：He's popular among[with] the girls.（彼は女の子にモテる）

ほかの表現

- eminent「地位の高い、高名な」
  Erasmus, Leonardo da Vinci, and Galileo are among the eminent scholars of the Renaissance being discussed in today's lecture.（エラスムス、レオナルド・ダ・ヴィンチ、ガリレオはルネサンス時代の高名な学者として、今日の講義で議論されます）

第 **3** 章

動作を表す表現49

052 言う・話す・発表する

違いがわかる例文

- The teacher **told** the students to be quiet.
  先生は生徒に静かにするように**言った**。

- We **spoke** about all kinds of things, including our plans for the future.
  私たちは、2人の将来のことを含むすべてのことを**話し合いました**。

- The manager **informed** his employees that they will not be compensated for more than 50 hours of overtime pay a month.
  マネージャーは従業員に対し、月50時間を超えた分の残業代は保証されないと**通達した**。

- The politician **addressed** the nation on TV.
  その政治家は国民に向けてテレビ**演説**を行った。

▶ say「言う」、talk「話す」、tell「伝える」 カジュアル 友達同士

用法① sayは会話文と一緒に使うことが多い
sayは直接話法と間接話法で使うことが多いのが特徴。例えば、「彼は、『明日電話する』と言った」は次のようになる。[直接話法]He said, "I'll call tomorrow." もし彼が翌日になってもまだ電話していない場合は、[間接話法]He said (that) he'd call today, but he hasn't. となる。

用法② talk+with/to/aboutで覚えておこう
talkはsayのように直接・間接話法の使い方はない。**前置詞about...「〜について」と一緒に使うことが多い**。

例：I talked about politics with my coworkers.（同僚と一緒に政治について話した）
　　The teacher talked to the students about the test.（その教師は生徒にテストについて話した）

aboutの他、withやtoと一緒に使うことも多い。主語が一方的に話す場合は、with...ではなくto...を使おう。

用法② tellは他動詞

特別な目的語(a lie, a story, the truthなど)以外は**tellのあとは[人]が必要**。

例：He <u>told me</u> that he loved me.（彼は私に私を愛していると言った）

He <u>told me</u> to call him.（彼は私に電話をするよう言った）

▶ speak「言う、発表する」 やややフォーマル　発表会

用法① speak+with/to/aboutで覚えておこう

talkと同様、前置詞のwithとaboutと一緒に使うことが多い。talkよりも**やややフォーマル**。

例：The manager <u>spoke with</u> his employee about her work performance.（マネージャーは従業員に彼女の勤務成績について話した）

用法② 「発表する」という意味も

名詞speechから「発表する」という意味もある。to...「〜に」と一緒に使うことが多い。

例：The President <u>spoke to</u> the American people about the economy.（大統領はアメリカ国民に対し、経済について発表した）

▶ inform「知らせる」 やややフォーマル

用法① inform+[人]+of...「[人]に…を知らせる」で覚えておく

名詞informationから、**聞き手が知らなかった「情報を伝える」**という意味の動詞。他動詞なので目的語の[人]が必要。[人]のあと、前置詞のofまたは接続詞のthatで内容を加えることが多い。

例：I <u>informed him of</u> the plan.（彼に計画を知らせた）

▶ address「発表する」 フォーマル　発表会

用法① フォーマルさを強調したいときはaddressを使う

addressは伝えたい内容よりも、**発表した相手が誰であるか、またフォーマルな場面であることを優先して伝えたいとき**に使う。

例：He <u>addressed</u> the crowd.（彼は大衆に発表した）

COLUMN

- **英日通訳：シンプルな表現こそ腕の見せどころ**

「言う」というシンプルな動詞ですが、誰が？どこで？何を？という状況によって、同じ「言う」でも様々な表現方法がありますよね。例えば…

- 彼が**文句を言ってきた**（親しい相手に対してや、カジュアルなシチュエーション）
- 先生がそう**おっしゃった**（目上の人の動作に対して）

英語から日本語での通訳を行うときは、「どういった人が話しているのか」「どんなシチュエーションなのか」「聞き手はどういう人たちなのか」という状況を総合的に判断して、最もふさわしい日本語を選ぶ必要があります。シンプルな表現のときこそ通訳者の技術が光るのです。

	vocabulary	人	気分・感情	痛み・体の部位	状態
カジュアル	**soothe**	a crying baby, a grieving friend, the soulなど	(精神的な)pain, anger, sadnessなど	a sore throat, an upset stomach など	a difficult situation など
	soften	✕	(精神的な)pain, anger, sadnessなど	✕	a difficult situation など
カジュアル フォーマル いずれも	**ease**	(人の)mind	(精神的な)pain, anger, sadnessなど	✕	a difficult situation など
	relieve	relieve [人] of [負担]	anger, painなど stressが多い	physical pain, a headache	a difficult situation など
フォーマル	**assuage**	an angry customerなど	anger, concern, disappointmentなど	physical pain, a headache	a difficult situation, appetite, desireなど

違いがわかる例文

- The mother tried to soothe her crying child with a lullaby.
  母親は子守唄を歌って、泣いている子どもをあやそうとした。

- What can I do to ease the burden of this task for you?
  この業務でのあなたの負担を軽くするために、私にできることはあるかしら?

- This pain medicine may relieve some of your symptoms, but it's not a cure for your underlying condition.
  この痛み止めは、いくつかの症状を緩和することはできますが、基礎症状を治療することはできません。

- You cannot assuage customers' concerns with false promises; be upfront about what you can do.
  嘘の約束でお客様の懸念を和らげることはできませんよ。自分ができることについて正直でありなさい。

▶ **soothe**「和らげる・落ち着かせる」 カジュアル 家族や親しい友達同士

用法①　人や状態だけでなく心身の悩みを落ち着かせるときにも使う
soothe a sore throat(のどの痛みを和らげる)や soothe an upset stomach(胃のむかつきを和らげる)、soothe a broken heart (傷ついた心を落ち着かせる) のように使う。

▶ soften, ease「和らげる・軽減する」 カジュアル・フォーマル

用法① 形容詞はsoft「やわらかい」、動詞はsoften「柔らかくする」という意味
「精神的な痛みや気分・感情・辛い状態などを和らげる」 ときに使う。例えば
soften[ease] the blow（衝撃を和らげる）という表現は口語でもよく使われる表現。
用法② 形容詞はeasy「簡単な」、動詞はease「（物事を）易しくする」という意味
ease+［人］より、ease+［one's mind］で「［人］を安心させる」のように使うことが多い。
例：I was worried about the project, but his report eased my mind to some degree. （こ
のプロジェクトを心配していたが、彼のレポートを見たら、ある程度安心できた）

▶ relieve「緩和する」 カジュアル・フォーマル 病院などで

用法① relieve+［人］+of/from...=「［人］を〜から解放する、取り除く」の意味
例：Hiring a babysitter relieved the young mother of the burden of childcare.（ベビー
シッターを雇ったことで若い母親は育児の負担から解放された）
用法② （病気の）症状を和らげるときによく使う
「病気を治す」というよりも、**「症状を和らげる」という意味**。relieve a situationのように
目的語が［状況］のときも、「解決する」より **「少し辛さを減らす」** というニュアンス。

▶ assuage「癒す・満たす」 フォーマル ビジネス

用法① フォーマルな文章に最適な単語
angry customers（怒っている客）やangry citizens（怒る市民）などを目的語にして**フォーマ
ルな文章で使う**。人のほか、concerns（悩み事）などが目的語になることもある。
用法② 「満足させる」というニュアンスが強い
relieveが持つ「病気の症状を緩和させる」と同じ意味でassuage a headache（頭痛を緩
和する）のように使うが、**目的語にappetite（食欲）、desire（欲望）、boredom（退屈さ）を
置き「（目的語）を満足させる」という意味もある**（「食欲の辛さを和らげる」=「満足させ
る」）。
例：No amount of praise and recognition could assuage his desire for greater status.
（どんなに多くの賞賛と認識も彼のさらなる地位への欲求を和らげることはできませんでした）

ほかの表現

- mollify「（怒りや動揺を）和らげる」
  The mayor's remarks mollified the crowd of angry demonstrators gathered outside
  City Hall.（市長の発言は、市役所の外に集まったデモ参加者の怒りを和らげた）
- pacify「〜をなだめる、平和を回復させる」
  His sincere apology helped pacify the situation.（彼の真摯な謝罪は状況を納めるのに
  一役買った）

054 尋ねる・質問する

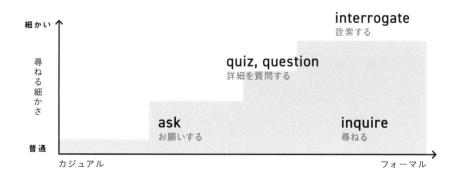

違いがわかる例文

- I **asked** her why she was wearing such a funny hat.
  彼女にどうしてそんなに変わった帽子を被っているのか聞いたのよ。

- Employees seem to be **questioning** why the company isn't giving anyone bonuses this year.
  従業員は、なぜ会社が今年ボーナスを出さないのか疑問に思っているようだ。

- It's imperative that we **inquire** into how he was elected.
  彼がどうやって選出されたのかを調査することが絶対に必要です。

- Police **interrogated** the suspect until they obtained a confession.
  警察は自白が得られるまで容疑者を尋問した。

▶ ask「尋ねる、お願いする」 カジュアル・フォーマル

用法①　「質問する」という意味で使う場合
「質問する」という意味で使う場合、①ask himのような **ask ＋［人］パターン**、②ask him a questionのような **ask ＋［人］＋［目的語］パターン**、③ask a question のような **ask ＋［目的語］パターン**がある。目的語はquestionなどの名詞や名詞節がくる。間接話法としても使えるが直接話法でも使える。

用法②　「依頼する」という意味で使う場合
ask ＋［人］＋ to不定詞で「［人］に依頼する」という意味。ask ＋ to は「許可を求める」という意味もあるので混同しないように注意。

例：I asked him to clean the bathrooms.（彼に浴室の掃除を依頼した）
I asked to clean the bathrooms.（私は浴室を掃除させてもらえるかと尋ねた）
なお、1文目の例でaskをtellにすると「依頼」よりも「命令」口調に聞こえる（052）。

▶ quiz, question「質問する」 カジュアル・フォーマル

用法① 「詳細を」尋ねるニュアンス
quiz は名詞で「クイズ」、question は名詞で「質問」。目的語には通常、[人]がくる。
例：I quizzed[questioned] him about what happened at the party last night.（昨夜の
パーティーで何があったのか彼に質問した）
パーティーで何があったのかについて**「詳細を」尋ねたというニュアンス**。
用法② whyと一緒に使うとやや堅い印象に
例えばask+whyは日常会話でもよく使う。一方、**question+whyはやや堅い印象**を与える。
例：I asked why he was wearing that silly hat.（私は彼になぜそんなバカバカしい帽子を
被っているのか聞いた）
The young child questioned why evil exists in the world.（その幼い子どもは世界に
はなぜ邪悪なものが存在するのかと質問した）
question+whyはwonder+why（087）と似たニュアンス。「疑問を持つ」と言う意味も
あり、question the priceで「値段に疑問を持っている」という意味。

▶ inquire「尋ねる」 フォーマル

用法① 自動詞・他動詞として使える
inquire the priceは「値段を尋ねる」という意味。**askよりフォーマル**で、丁寧に「いく
らか」を聞きたいときに使うと良い。May I inquire the price?（価格をお伺いできますか）
のように丁寧に尋ねるときに適した語。
用法② 前置詞で意味が異なるので注意
例：inquire about...（〜について尋ねる）、inquire into...（〜を調べる）

▶ interrogate「問いただす、詮索する」 フォーマル ビジネス

用法① 「尋問」の意味がある
名詞police interrogationで「尋問」という意味があり、**非常に堅い場面で使う**。他動
詞で目的語に[人]がくることが多い。ビジネスシーンだとThe Quality Control team
is currently interrogating the root cause of the product failure.（品質管理チームは現在、
不良品発生の根本原因を調べている）やデータを集めるときにinterrogate a database（デー
タベースに問い合わせる）という表現を使う。

COLUMN
- **様々な「質問する」の使い方**
- question：解決するために公式な場所で質問をする場合（法廷関連・警察関連など）
- inquire：何かを調査したり、問い合わせたりする場合
  例：Please feel free to inquire.（お気軽にお問合せください）
- interpellate：議会などで大臣に質問する場合

lend [人] a hand
手を貸す

assist
支援する

カジュアル ──────●──────●────────────●────── フォーマル

help
手伝う

aid
援助する

違いがわかる例文

- Would you like me to lend you a hand with that?
  ちょっと手伝ってくれませんか？

- How can I help you?
  どうなさいましたか？

- Can I assist you in any way?
  どうにかしてお手伝いできないでしょうか。

- Research carried out at this university aided in the development of several life-saving drugs.
  この大学で実施された研究は、複数の救命薬の開発に役立った。

lend a hand「手を貸す」 カジュアル

用法① カジュアルな表現で文字どおり「手を貸す」というニュアンス
目的語に［人］がくる場合、lend［人］a handと使う。［人］はなくても良い。

用法② 「手伝おうか?」と軽く声をかけるときに使う表現
Do you want me to lend you a hand with that?(それ、手伝おうか?) のように、with のあとに手伝おうとしている対象を置いて、**lend a hand with...（〜を手伝う）** と使うことも多い。helpも同じようにwithを使って、Do you want me to help you with that? と使える。

用法③ lend a helping handとも言う
形容詞のhelpingを入れて、lend a helping handという表現もあり、同じ意味。

help「手伝う」 ややカジュアル

用法① 最も一般的な「手伝う」という意味の語
helpは最も一般的な「手伝う」という意味の語で、他動詞・自動詞どちらでも使える。自動詞の場合、前置詞と一緒に使うことが多い。

用法② 自動詞helpはhelp (out) on/with/inと使うことが多い

自動詞helpは、一緒に使う前置詞の組み合わせを覚えておくと良い。help (out) on [with] this project（このプロジェクトを手伝う）、help (out) in the kitchen（台所で手伝う）

用法③ 他動詞helpはhelp+［手伝う相手・組織など］+on/with/inと使うことが多い

例：help you out on this project（このプロジェクトであなたを手伝う）、help her with her work（彼女の仕事を（彼女を）手伝う）、help him in the kitchen（台所で彼を手伝う）

用法④ help+(to)+［動詞］という使い方もある

例：Can you help me (to) finish this project?（このプロジェクトが終わるのを手伝ってくれる？）

▶ assist「支援する」 ややフォーマル

用法① 基本的にhelpと同じだが、helpよりもフォーマルな語
前置詞inと一緒に使いassist inとすることが多いが、on/withがくることもある。

例：assist customers in choosing the right plan（顧客が正しいプランを選べるよう手伝う）、assist customers on purchase decisions（顧客が購入を決断するように手伝う）、assist clients with their goals（お客様の目標が達成できるように手伝う）

用法② ビジネスシーンや顧客、客に使うことが多い
I'll be right with you after assisting these other customers.（こちらのお客様をご案内したあと、すぐに戻ります）のように前置詞を使わない場合もある。

▶ aid「援助する」 フォーマル

用法① aidは「援助する」ニュアンスでニュースなどで多く使われる語
名詞のaidは、foreign aid（対外援助）、military aid（軍事援助）、financial aid（金融援助）のような語と一緒に使われることが多く、**ニュースなどのフォーマルな場で使われることが多い**。また、**金銭的な援助を含む場合が多い**。

用法② aid inのように前置詞inと一緒に使うことが多い
This research aided in the advancement of a new manufacturing technique.（この研究は、新しい生産技術の進歩を支援した）のように使う。assistのように前置詞inと一緒に使うことが多いが、in/on/withのいずれの前置詞がきても構わない。**例**：aid the President in his efforts to reduce the deficit（大統領が赤字を減らそうとするのを援助する）、aid the President on his reelection campaign（大統領が再選のための選挙活動をするのを援助する）、aid the President with his speeches（大統領の演説を手伝う）

COLUMN

● **Mr.ビーンで学んだ表現**
中学生の頃、Mr.ビーンの大ファンだった筆者は毎日のように録画したビデオを見ていました。その中で、Mr.ビーンの彼女がトラブルに巻き込まれたMr.ビーンに対し、Do you need hand? と聞くシーンがあります。そこで筆者は生まれて初めてhelp以外の表現があることを知ったのです。海外の映画やテレビ番組は、ナチュラルな口語表現を学ぶのには最適な教材だと思います。

	vocabulary	相性の良い目的語
カジュアル ↓ フォーマル	**hand out, pass out, give out**	flyers, information, moneyなど
	deal (out)	cards「トランプ」が特に多い。 他、flyers, information, moneyなど
	distribute	flyers, information, work, moneyなど
	disseminate	ideasや抽象的な表現

違いがわかる例文

- Many passersby simply ignore the people **handing out** flyers on the street.
  多くの通行人は街頭でチラシを配る人に対して、ただただ無関心である。

- You have to play the cards you're **dealt**; that's life.
  配られたカードで勝負するしかないのさ。それが人生だよ。

- The manager was careful to **distribute** work on the project according to each employee's interests and strengths.
  マネージャーは各従業員の興味や強みによって、プロジェクトの業務を注意深く配分した。

- We have to counter all of the false information that has already been **disseminated** on the Internet.
  私たちは、インターネット上に広まったすべての誤情報に反論しなくてはなりません。

▶ hand out, pass out, give out 「渡す」 カジュアル

用法① 最もカジュアルな「渡す」を表す語
hand outは「人に［手で］渡す」イメージが強いことから、**目的語に物質的な物がくることが多い**。また、informationのような抽象語と結びついて、pass out informationと言うと「情報を口で伝えるのではなく、チラシや本で情報を配る」という印象を与える。

▶ deal (out) 「分ける」 ややカジュアル

用法① ものを「配る」だけでなく「分ける」というニュアンスもある
名詞として「取引」や「取り扱い」という意味もあるため、「配る」だけでなく「分け

る」というニュアンスもある。トランプを配ることを deal the cards と言う。

用法② 「行動」についても使える

deal out a punishment(罰を与える)、deal a blow((人に)一撃を加える) などの使い方も
しばしば使われる。

用法③ deal with... は、意味が異なるので注意

前置詞 with を使って deal with となると「〜を処理する」という全く別の意味になるの
で注意。

▶ distribute「分配する」 ややフォーマル

用法① 「手で渡す」ニュアンスはないフォーマルな語

ややフォーマルな語で「手で渡す」ニュアンスは特にない。distribute flyers(チラシを配
る)、distribute information(情報を配る)や distribute electricity(配電する) などのように
使う。electricity は他の動詞(または句動詞)で使うことはない(特に hand out/pass out/
give out/deal electricity とは言わない)。

用法② 「平等に広げる」というニュアンス

以下の例で「均一にまく」という意味で hand out や pass out、deal を置き換えて使うこと
はない。

例:We distributed seeds evenly over the flower bed.(私たちは花壇に均一に種をまいた)
*hand out seeds と言うと「チラシのようにたくさんの人に種を渡す」というニュアンス。

▶ disseminate「まき散らす、散布する」 フォーマル

用法① 「種をまく」イメージ

disseminate seeds(種をまく)と使うことが多い。チラシなどの他、disseminate information
(情報を拡散する)や disseminate knowledge(知識を広める)のように抽象語が目的語にくる
ことも多い。

また、hand out と違い、「手で渡す」ニュアンスはなく、The information was disseminated
on social media.(SNS でその情報は拡散された)のように使う。そのため、hand out を置き換
えて使うことはできない。

ほかの表現

- scatter「まき散らす」
  We just scattered cosmos seeds throughout the garden and waited for them to grow
  and blossom.(私たちは庭中にコスモスの種をまき、花が咲くをの待った)
- allocate「割り当てる」
  Two plots of land were allocated to the head of each household.(2つの土地の区画が
  それぞれの家主に割り当てられた)

do
the dishes,
homework,
laundry

a task,
a job,
a dance

perform
a part in a play,
a role,
duties

hold
a festival,
a position,
a post

a meeting,
an event,
*a service

conduct
a symphony orchestra,
business,
affairs

*a service = church service, funeral service

カジュアル → フォーマル

違いがわかる例文

- Just **do** your job well, and don't worry about what other people **do**.
  他人がしていることは気にせずに、自分の仕事をしっかり**行い**なさい。

- They will **perform** the opera again next weekend.
  彼らは来週またオペラを**上演する**予定だよ。

- We **hold** a small gathering at the community center once a week.
  公民館で週に1度、小さな集会を**開催**しています。

- We'll be **conducting** this seminar once a week until the end of July.
  7月末まで、週に1回このセミナーを**開催する**予定です。

▶ **do**「する」 ややカジュアル

用法①　様々な機能があるdoは他動詞で「〜をする、実行する」と使うことが多い

doは様々な機能を持っている助動詞でもあり、疑問文を作るときにも使う。その他、他動詞として使うことも多く、<u>do</u> the dishes（皿を洗う）、<u>do</u> homework（宿題をする）、<u>do</u> a task（仕事をする）のように「〜をする、実行する」という意味がある。

用法②　doはカジュアルな語

ややカジュアルな語であるため、履歴書に書くときなどはdo a taskよりもperformを使ってperform a taskとするほうが適切。

▶ **perform**「実行する」 ややフォーマル

用法①　performは「演じる、実行する」という意味が強い

performは「する」よりも<u>perform</u> a role（演劇や映画の役割を演じる）のように**「演じる」という意味**や<u>perform</u> duties（義務を実行する）のように**「実行する」という意味**で多く

使われる。演劇を演じるようなイメージから、performa taskと言うと、儀式のように決まったこととしてその仕事を実行するというニュアンスがある。そのため履歴書では、perform tasks、perform dutiesという表現をよく使う。

用法② performは「人に見せるためだけ」という悪い意味もある

例：I'm not really living. I feel like I'm just performing.（実際に生きてるのではなく、見せかけな気持ちがするよ）

上記の例のように、自動詞としても使える。

hold「開催する、開く」 ややカジュアル

用法① holdは、「（人が集まるイベントなどを）行う」という意味がある

holdは「手で持つ」という意味がよく知られているが、**「（人が集まるイベントなどを）行う」という意味**がある。hold an event（イベントを開催する）、hold a meeting（ミーティングを開催する）、hold a festival（祭りを開催する）のように使うことが多い。また、このような名詞との組み合わせでThe event was held on September 15.（イベントは9月15日に行われた）のように受動態で使われることも多い。

用法② holdは、「（役職や地位に）就いている」という意味もある

hold a jobは、ただ「仕事をする」だけではなく、**「首にならないように、仕事をしっかりする・しっかり仕事に就く」という意味**になる。そのため、hold a steady job（安定した仕事に就く）という組み合わせをよく使う。hold a job positionなど「地位」を目的語にすることも多い。

conduct「ふるまう、行動する」 ややフォーマル

用法① conductは、「（人が集まるイベントなどを）行う」フォーマルな語

conduct an orchestra（オーケストラを指揮する）という使い方が多いが、**holdと同様に、「（人が集まるイベントなどを）行う」という意味でも使われる**。conduct a meeting（ミーティングを行う）、conduct an event（イベントを行う）のように使い、**holdに比べてフォーマルで硬いイメージ**。また、行われるイベントやミーティングの規模が大きいときにはholdよりconductを使うのが良い。

用法② conductは「業務を行う」という意味がある

conduct a jobという言い方はないが、「業務を行う」という意味でconductを使うときにはconduct affairsやconduct businessという名詞の組み合わせが良い。

ほかの表現

- carry out「（計画などを）実行する」
  Let's carry out our plan!（計画を実行しよう！）
- implement「（計画や政策を）実施する」
  We need to fully implement the United Nations Security Council resolutions.（国連安全保障決議を完璧に実施する必要がある）

058 作る

	vocabulary	相性の良い目的語
カジュアル ↑	**make**	food, plans, clothesなど
	create	a draft, a work of artなど
	produce	a movie,（商品として）carsなど
↓ フォーマル	**generate**	ideas, software codeなど

違いがわかる例文

- Do you want me to **make** dinner tonight?
  今夜、晩ご飯を作ってほしい？

- Some people say that we live in the world **created** by our own mind.
  私たちは自分の意思で作り上げた世界に住んでいる、と言う人たちもいる。

- This factory **produces** on the order of ten thousand leather jackets a day.
  この工場では、1日に約10,000点の皮のジャケットを生産しています。

- The company is hoping to hire young employees who can **generate** fresh ideas.
  この会社は、斬新なアイデアを生み出す若手を採用したいと思っています。

▶ make「作る」 ややカジュアル

用法①　makeは使役動詞「（人を）〜させる」と一般動詞「作る」の意味がある
make は使役動詞として make him wash the dishes（彼に皿を洗わせる）のように「〜させる」という意味と make a cake のように、一般動詞として**「材料を使って形を変えて物を作る」という意味**がある。

用法②　物ではないものを目的語にして「〜を作る」ということもできる
make plans（計画を立てる）、make music（音楽を作る）のように、**物以外のものを目的語に持ってくることもある。**なお、make music は produce music と違い、技術を使って音楽を編集するという意味はなく、単純に楽器や声で音楽を作るだけの意味。

▶ create「創造する」 ややフォーマル

用法①　createは「生み出す」「創造して作る」という意味
create の形容詞は creative（クリエイティブな）。そこから、**create は「生み出す」「創造して作る」という意味がある**とイメージするとわかりやすい。

用法② createは「何もないものから創る」というニュアンス

creation myth（創造神話）とは、「神様が何もないものから地球を創造した」という意味。その流れで create a plan の意味を考えると、make a plan（計画を立てる）よりも **create a plan は「何もないところから計画を考えて立てる」というニュアンス**があることが伝わる。create a work of art（芸術作品を創る）や create jobs（仕事を創る）もよく使う表現。

用法③ 「引き起こす」という意味もある

意図的だろうとそうでなくとも、「引き起こす」という意味があり、create problems（問題を引き起こす）のように使う。

例：Misunderstanding now will create problems further down the line.（この誤解は今後のトラブルを引き起こすでしょう）

▶ produce「生み出す」 やややフォーマル

用法① produceは「生産する」が基本イメージ

produceの基本的な意味は「生産する」で、produce cars（車を生産する）のように使う。他には、produce music（音楽を作る）、produce a movie（映画を作る）と言うと、「技術を使って編集して「製品」のような形にして作る」というニュアンスになる。

▶ generate「生み出す」 フォーマル

用法① generateは「何もないから作る」というニュアンス

generate は「何もないから作る」という意味が強い。electrical generator（発電機）で、「電気を発生させる」という意味があることからもそのニュアンスがわかる。

用法② generateは「物質的ではないもの」と一緒に使う

generate electricity（発電機）、computer-generated effects（CG）、generate ideas（アイデアを生む）などからわかるように**「物質的ではない」物・事と一緒に使う**。そのため、generate food や generate a work of art という言い方はない。

用法③ generateは「引き起こす」という意味もある

create同様、generateには「引き起こす」という意味もある。**doubt（疑問）や suspense（サスペンス）のような語と一緒に使うことが多い**。

例：The novelist crafted a plot that generates suspense.（その小説家はサスペンスを生み出す構想を作り上げた）

COLUMN

- 「作る」系の語彙が増えた工場通訳

自動車のエンジンを作る工場ツアーでの通訳を行ったときの話です。
「ものづくり」関連でこんなにたくさんの種類の単語があるんだ！ と感動したのを覚えています。

- assemble「組み立てる」 ・ attach「取り付ける」 ・ weld「溶接する」
- forge「プレスする」

059 許可を与える

違いがわかる例文

- Please let me take care of the bill.
  ここは私に払わせてね。

- Allow me to pay for dinner.
  夕食代は私に支払わせてください。

- Smoking is permitted only in designated smoking areas.
  喫煙は指定された場所でのみ許可されています。

- His parents gave him permission to stay up past midnight.
  彼の両親は、彼が真夜中過ぎまで起きていることを許可した。

▶ let「〜させる」 ややカジュアル

用法① let は、「〜させる、許可を得る」
Let me pay.（おごらせてください）のように、Let me+［動詞］...「〜させてください」という
形で使うことが多い。動詞の原形の前に to は不要であることに注意。
用法② let+［物・事］+［動詞］で目的語を物・事にする使い方もある
『アナと雪の女王』の主題歌、Let it go. がわかりやすい例。この it の部分に、「悩み事」
や「自分の力」など様々な物や事がきて、Let your worries go.（心配を吹き飛ばそう）、Let
your body relax.（身体をリラックスさせて）、Let your feelings out.（感情を表に出して）など
「自分自身に許可を与える」という意味で使うこともしばしば。

▶ allow「〜を許す」 カジュアル・フォーマル

用法① allow+［物・人］+［to不定詞］で「［物・人］に〜を許す」という意味
let と違い、動詞の前には必ず、to 不定詞を忘れずに。Let me pay for that. と Allow me
to pay for that.（それをおごらせてください）は同じ意味だが**Let を使うより Allow を使うほ
うが、ややフォーマルに聞こえる**。
用法② allow+［名詞］で「［名詞］を許す」という使い方もある

to不定詞を使わず、allow a mistake（間違いを許す）、allow a breach（侵害を許す）のように使うこともある。letにこの使い方はない。

用法③　allow+[時間・お金など]+for+[目的語]で「[目的語]に[時間・お金など]を見込む」という使い方もある

allow an hour for TV（テレビに1時間を見込む）、allow a break for coffee（コーヒーを飲むため少し休憩を取る）のように使う。allow an hour for TVはspend an hour watching TVと違い、「テレビを観ることを許してそれに時間を使う」というニュアンスがある。

▶ permit 「許可する」 ややフォーマル

用法①　permitは、allowよりも硬い語

allowと同じような用法で使えるが、**permitのほうがallowより硬い。公的な文章に、受動態として使うことが多い**。例えば、Smoking is not permitted on school grounds.（校庭で、喫煙は許可されていません）はallowedよりpermittedを使うほうが一般的。

用法②　permitは、親が子どもに使うことが多い

I will not permit you to stay out past your curfew!（門限を過ぎて外出するのは許さないわよ！）のように、子どもに強い印象を与えたいときはallowよりもpermitを使うのが良い。

▶ give permission ややフォーマル
grant permission 「許可を与える」 フォーマル

用法①　give[grant]+[人]+permission+[to不定詞]で「[人]に〜する許可を与える」

give permission、grant permission は「許可を与える」。give[grant]［人］+permissionで「［人］に許可を与える」。allowとpermitと同様、原型不定詞の前にtoが必要。

用法②　grantはgiveより硬い語

grantはgiveより硬い語であるため、give a child permission to eat a popsicle after dinner（子どもに、夕食のあとアイスキャンディーを食べるのを許す）のような場合にgiveを使い、grant users permission to upload files（ユーザーにファイルをアップロードする許可を与える）のようなかしこまった文ではgrantを使う。

> **ほ か の 表 現**
>
> - sanction 「正当と認める、認可する」
>   The city government sanctioned funds for infrastructure development.（市政府はインフラの発展のための基金を認可した）
> - authorize 「〜を認可する、〜の根拠を与える、〜の正当性を認める」
>   The United Nations Security Council is empowered to authorize military force to address any threat to international peace and security.（国連安全保障理事会は、国際的な平和と安全保障へのいかなる脅威にも対処するため、軍事力の正当性を認めた）

060 禁止する

forbid
禁じる

veto
法案や提案などを
拒否する

カジュアル ──────────────────────→ フォーマル

ban
禁止する

prohibit
禁じられている

違いがわかる例文

- After the March 2011 Tohoku earthquake, demonstrators called for the government to **ban** the use of nuclear energy.
  2011年3月の東日本大震災のあと、デモ参加者たちは政府に対し、核エネルギーの使用**禁止**を求めた。

- The parents **forbade** their children from watching TV after dinner.
  両親は、夕食のあとに子どもたちがテレビを見るのを**禁止**した。

- Driving under the influence of alcohol is **prohibited** by law.
  飲酒運転は法律で**禁止**されています。

- The President is sure to **veto** the law in its current form.
  大統領は現体制の中で、その法律への**拒否権を行使**することを確信している。

▶ **ban**「禁止する」 カジュアル・フォーマル

用法①　banは「行動を禁じる」というニュアンス

banは名詞でも「禁止」という意味があり、ban on smoking(喫煙の禁止)のように使う。**主に、行動を禁じるという意味で使う。また、学校のルールなどで使うことも多い。**

例：Dodgeball has been <u>banned</u> at schools throughout the USA, as it's considered to promote violence.(暴力を促すと考えられているため、アメリカでは、どの学校でもドッジボールが<u>禁止されている</u>)

用法②　banは「デモで反対する」ときにも使う

<u>ban</u> cigarettes のように、デモで何かを反対するときに、<u>ban</u> nuclear weapons(核兵器を禁止する)、<u>ban</u> nuclear energy(核エネルギーを禁止する)と使う。

用法③　ban+［人］+from［行動・場所］という使い方を覚えておこう

例：<u>ban</u> minors under the age of 21 <u>from</u> the bar(21歳未満の未成年者のバー利用を禁止する)、<u>ban</u> minors <u>from</u> purchasing cigarettes(未成年者がタバコを購入することを禁止する)

forbid 「禁じる」 カジュアル・フォーマル

用法① forbidはprohibitより、親しい人に対して使う語
例えば、A parent <u>forbids</u> a child from staying out past midnight.（両親は、真夜中を過ぎての外出を子どもに禁じている）というときにforbidを使うが、**規制などによって禁止されている場合は、prohibitを使って**下の例文のように使う。

例：Children in this town are <u>prohibited</u> from staying out past midnight.（この町の子どもたちは、真夜中過ぎての外出を禁止されている）

用法② forbid+［人］+from...とforbid+［行動］という使い方がある
forbid+［人］+from...（［人］が…するのを禁止する）という使い方が自然だが、forbid［行動］という使い方もある。

例：<u>Talking back</u> is <u>forbidden</u> in this home.（口ごたえは、この家では禁止されている）
「家の中の行動など」について話題にするときはforbid+［行動］の形を使うのが自然。

prohibit 「禁じられている」 ややフォーマル

用法① prohibitは「法や規制などによって禁じる」という意味
prohibitは**「法や規制などで、町や公共施設の場で一般的に禁止する」**という意味が強い。**forbidとprohibitの用法は似ているが、使う話題のフォーマル度が異なる。**例えば、空港でitems <u>prohibited</u> by customs（関税により禁じられている品目）という表現をよく使うが、このprohibitedをforbiddenに置き換えることはできない（空港で禁止されている、つまり規制によっての禁止であるためprohibitが適切）。

veto 「拒否する、禁止する」 フォーマル

用法① vetoは目的語に法案や提案がくることが多い
例：The President has the power to <u>veto</u> a bill passed by Congress.（大統領は議会で可決された法案を拒否する権利を持っている）

用法② veto a decisionやveto an ideaという組み合わせもある
法案以外でも、<u>veto</u> a decision（決定を拒否する）、<u>veto</u> an idea（アイデアを拒否する）という使い方もある。名詞のvetoも同じ意味で、This bill won't get past the President's <u>veto</u>.（この法案は大統領拒否権を通過しない）などのように使う。

COLUMN

● アナウンスでよく聞くフレーズ
「禁止」系フレーズは駅のホームなどのアナウンスでよく聞くと思いませんか？
● Smoking is <u>prohibited in</u> this area.（この区画では喫煙は禁止されています）
● Please <u>refrain from</u> talking on the phone.（通話はご遠慮ください）
アナウンスでよく聞くフレーズはそのまま覚えて使えるのでとても便利です！

061　行く・旅行する

vocabulary	相性の良い主語	相性の良い目的地
go	人・飛行機・道路など	あらゆる場所
take a trip, travel	通常、人のみ travelの場合、飛行機、道路なども	都市や国
journey	通常、人のみ	場所・抽象的な理想など
traverse	飛行機・橋・道路・人など	大陸など超えていく先など

カジュアル
フォーマル
いずれも

フォーマル

違いがわかる例文

- I'm **going** to Paris next year.
  来年パリに**行く**つもりです。

- I'm hoping to **travel** to Paris next summer.
  次の夏はパリに**旅行に行ける**といいな。

- Reading this novel felt like **journeying** beyond space and time.
  この小説を読んでいると時空を**旅した**気分になったよ。

- She got the crazy idea to **traverse** the continental USA by train.
  彼女は電車でアメリカ大陸を**横断する**という、とんでもないことを考えていた。

▶ **go**「行く」 カジュアル・フォーマル

用法①　goは「行く」という意味で最も一般的な語
「行く」だけでなく、go shoppingのようにgo + [... ing形] という形もよく使う。
用法②　go to...で「〜に行く」という目的地を表す
「〜に行く」と言うときは、必ず前置詞toを使うが、...ing形や副詞のabroad、here、there、homeなどと使うときは前置詞は不要（go shopping、go home、go to Europeとなる）。
用法③　特に目的地を言わない場合はto以外の前置詞がくる
特に目的地を言わない場合、I'm going. だけでも使える。その他、go around in circles（ぐるぐる回る）、go up（上に行く）、go down（下に行く）など。トンネルなどを「通る」場合はgo throughを使う。
用法④　主語は人以外でも使える
例：This plane is going to London.（この飛行機はロンドンに行く）

▶ **take a trip、travel**「旅行する」 カジュアル・フォーマル

用法① trip のほうが travel よりも気軽な旅行の印象

take a trip のほうが travel より気軽な旅行である印象が伝わる。

用法② 目的地を言う場合は、基本的には前置詞 to と一緒に使う

to 以外の前置詞と一緒に使う場合、次のような使い方がある。take a trip <u>around</u> the world（世界を回って旅する）、travel <u>throughout</u> Europe（ヨーロッパ中のあちらこちらを旅する）、travel <u>by</u> ship（船で旅行する）

用法③ take a trip の主語は主に［人］で、travel の主語は［人以外］も使える

囫：<u>This airplane</u> is <u>traveling</u> on to Singapore.（この飛行機は次にシンガポールに行きます）

▶ journey 「旅に出る」 やややフォーマル

用法① journey は「旅行」よりも「旅」というニュアンスが強い

囫：Life's a <u>journey</u>, not a destination.（人生は旅であり、終着地点ではない）

journey to Europe と言うと **「様々なことを乗り越えてヨーロッパに行く」** という意味。また、<u>journey</u> to[towards] greater understanding of myself（自身をさらに理解するために旅に出る）のように **抽象的な理想に向かって旅するという意味でも使える。**

用法② 目的地を言う場合は、to と一緒に使うことが多い

journey to... で目的地を表すことが多いが、go と同様、他の前置詞と使う場合もある。

囫：journey <u>beyond</u> the limits of time and space（時間と空間の限界を超えて乗り越える）

▶ traverse 「越える、横切る」 フォーマル

用法① traverse は「越える、横切る」が基本の意味

囫：a bridge <u>traversing</u> a river（川を渡る橋）、a highway <u>traversing</u> the state（州を渡る道路）

用法② traverse+［目的語］+to+［場所］で「［目的語］を渡って［場所］へ行く」の意味

囫：She will <u>traverse</u> the Pacific Ocean <u>to</u> Tokyo.（彼女は太平洋を渡って、東京に行く）

用法③ フォーマルな語でニュースなどでよく使う

囫：It is dangerous for airlines to <u>traverse</u> war zones.（飛行機が戦場を越えようとするときは危険である）

COLUMN

• trip, travel, journey の違い

これら「旅」に関する3つの単語、違いや使い分けを以下のようにまとめてみました。

- **trip** 比較的短い小旅行、遠出、出張なども、これ！

囫：business trip（出張）、Have a nice trip!（良い旅をね！）、one-day trip（日帰り旅行）

- **travel** 比較的遠い場所への旅や旅行や移動

囫：travel around the world（世界中を旅する）

- **journey** 乗り物を使った長い旅、長い時間をかけて別の状態に変わること

囫：journey through space and time（時空を超えた旅）

062 立ち去る・出発する・行く

leave
去る

depart
出発する

カジュアル

go
（別のところへ）行く

exit
出る

フォーマル

違いがわかる例文

- I really must be **going** now.
  ほんとうに**行か**なくっちゃ。

- I hate to **leave** you, but it's time for me to go home.
  あなたを**放って**おきたくないけど、もう帰る時間だわ。

- Please **exit** the theater from the side doors.
  裏口から映画館を**出て**ください。

- We're scheduled to **depart** from Chicago at 8:00 a.m.
  午前8時にシカゴを**発つ**予定です。

▶ **go**「（別のところへ）行く」 ややカジュアル

用法①　goは「立ち去る」という意味もある

go は、leaveと異なり「立ち去る」だけではなく**「別のどこかに行く」という意味が含ま
れる**。そのため、「別の用事（行く場所）があるため、立ち去ります」と言いたいときは、
I really must leave now. よりI really must be going nowと使うのが良い。I really must
leave now. は「何かあって不安を感じたのでここから出たい」という気持ちが強く伝わる。

用法②　go away と go outは「出る」という意味でよく使われる句動詞

go は自動詞のため、目的地を言わずに使うことができる。**「出る」という意味では、go
away**(from here) **と go out**(of the building) **という句動詞をよく使う。**go out は「出る」
だけでなく「出かける」という意味もある。go off も「出る」という意味がありgo off
and do my own thing(立ち去って自分のことをやる) のように使うが、他にも様々な意味が
ある。

例：The light <u>went off</u>.（電気が消えた）、Bombs <u>went off</u>.（爆弾が爆発した）、The plan
<u>went off</u> really well.（その計画は実にうまくいった）

▶ **leave**「去る」 カジュアル・フォーマル

用法① goと同様に自動詞として使えて、goと異なり、他動詞としても使える

go は 「別の場所に行く」、leave は 「立ち去る・とにかくこの場所から出たい」 という ニュアンスが伝わる。ただし、leave はgoと異なり、 他動詞としても使える。

例：leave the party（パーティーを去る）、leave the premises（敷地の外に出る）

用法② leave from...やleave for...といった句動詞をよく使う

leave from Chicago（シカゴから出発する）、leave for New York（ニューヨークへ向かって出発する）のように使う。leave for New York は go to New York に比べ、「New York へ向かう」 ことを強調しているため前置詞はtoよりも 「〜ため」 という意味があるforを使うほうが適切。leave from Chicago for New York（シカゴからニューヨークへ向かって出発する）と2つの前置詞を使っても良い。

用法③ leave behindは 「残す」 という意味も

例：I left my family behind when I went to America.（アメリカに行ったときに家族を残してきた）

▶ exit「出る」 ややフォーマル

用法① exitは「出口から出る」ニュアンスが強い

exit the movie theater（映画館の出口から出る）のように使う。どの出口かを言うときは、exit from the front door（正面の出口から出る）のように fromを使って表現する。exit (from) the airplane（飛行機から出た）のように出口のあるものから出るときに使う。

▶ depart「出発する」 フォーマル

用法① departは「（飛行機が）出発する」というニュアンスが強い

depart の名詞はdeparture（出発）で、「（飛行機が） 出発する」 という意味で使うことが多い。leaveよりフォーマルな語で、空港では depart (from) Chicago for New York（シカゴからニューヨークに出発する） という表現をよく耳にする。

用法② departは、他にも「死ぬ」、「離れる」という意味がある

例：depart from the traditional approach（伝統的なやり方から離れる）

COLUMN

• 筆者の好きな表現：take one's marbles and leave

marbles はビー玉。つまり直訳すると 「ビー玉を集めて去る」 です。これは 「自分の気に入らないことがあるのでやめる、組織を抜ける」 という意味の慣用表現なのですが、語源は 「友達とビー玉遊びをしていた子どもが、 気に入らないことが起きたときに、自分のビー玉を集めてさっさと家に帰ってしまう」 という情景だそうです。

あまり使いたくない表現ではありますが、この語源、可愛いと思いませんか？ 語学学習をするときに語源も一緒に調べると語学の向こう側の背景や文化に触れることができ、語学がさらに楽しくなります。

063 到着する

	vocabulary	(前置詞) + 着く場所
カジュアル ↑	**get** **come**	to + the party/work/a country/a cityなど to + a conclusion
カジュアル フォーマル いずれも	**land**	at/in + the airport/a country/a city 他動詞のland + a jump/a job
	reach	他動詞（**前置詞なし**） the party/work/a country/a city/a conclusion
↓ フォーマル	**arrive**	at + the party/work/the airport/a conclusion in + a country/a city

違いがわかる例文

- When did you **get to** the party?
  いつパーティーに着いたの？

- What time will her plane **land**?
  彼女の飛行機は何時に着陸予定ですか。

- When did you **reach** work this morning?
  今朝、何時に会社に着きましたか。

- The train **arrives** in New York City at 8:02 a.m.
  その電車はニューヨークに午前8時2分に到着予定です。

▶ get, come 「着く」 ややカジュアル

用法① 主に友達と話すときなどに使うカジュアルな語
When did you <u>get to</u> the party?（パーティーにはいつ着いた？）-I got[came] here around 7 o'clock./Around 7 o'clock. と使う。また Please <u>come to</u> my party.（パーティに来てください）とは言えるが Please <u>get to</u> my party. とは言えない。「○時までに来てください」を強調したいときは Please <u>get here</u> by 20:00. と言うことができる。
用法② get toやcome toのように前置詞toと一緒に使うことが多い
<u>get to</u> the party や <u>come to</u> the party のように to と一緒に使うことが多い。Make sure you <u>get there</u> by midnight!（深夜までにはそこに着くように！）のような副詞（here や there、home）の場合は、to は不要。
用法③ come to+[抽象語]で「[抽象語]に行きついた・まとまった」のように使う
come to や reach、arrive at は、conclusion（結論）や agreement（合意）などの語と一緒に使うことも多い。 **例**：We <u>came to[reached/arrived at]</u> an agreement.（合意に達した）

▶ land「到着する」 カジュアル・フォーマル

用法① landは「陸地に到着する」イメージ
land は名詞で「陸地」という意味があることから、**「船や飛行機が陸地に到着する」イメージ**の語。例：The boat <u>lands</u> in Yokohama at 19:00.（その船は、19時に横浜に着く）
用法② land inまたはland atの組み合わせが多い
平らなところ（例：the surface of the water「水面」）に「着く」場合はonも使える（toはNG）。
例：The jet <u>landed on</u> the ship.（ジェット機が船に着陸した）
用法③ 他動詞として使うと「正解や成功にたどりついた」という意味
他動詞として使うと「正解にたどりついた」という意味にもなる。
例：<u>land</u> the axel jump（アクセルジャンプができた）、<u>land</u> a job（仕事に就いた）

▶ reach「着く、届く」 ややフォーマル

用法① reachは通常、他動詞として使う
<u>reach</u> Tokyo（東京に着く）、<u>reach</u> the airport（空港に着く）、<u>reach</u> my parents' house（両親の家に着く）のように使う。I'm so glad I finally <u>reached</u> the party!（やっとパーティーに到着できて嬉しいよ!）のように**「やっと着いた!」というニュアンスで使う。**
用法② 自動詞としてはreach for...と使うことが多い
<u>reach</u> for a book（[腕を使って]本を取る）のように「取る」の他、「目指す」という意味もある。例：<u>reach for</u> the stars（星をつかもうとする、高望みする）、<u>reach for</u> your dream（夢をつかもうとする）

▶ arrive「到着する」 フォーマル

用法① 「〇時までに来て」という時間制限を設けると命令形で使える
Please arrive at my party! とは言わないが、Please <u>arrive at</u> the party <u>by</u> 20:00.（20時までにパーティーに来てね）のように**時間制限をつけると命令形も使える。**reachと同様、「やっと着いた」という意味を表すこともできる。
例：I finally <u>arrived at</u> the party!（やっとパーティーに着いたよ!）

COLUMN

• ETA と ETD
筆者は以前少しだけ飛行機に関わる仕事をしていたことがあるのですが、そこで飛び交うのが次のアルファベット3文字でした。ETAやETDはビジネスシーンでも使われるので覚えておくと便利です。

- **ETA（Estimated Time of Arrival）**：到着予定時刻
- **ATA（Actual Time of Arrival）**：実到着時刻
- **ETD（Estimated Time of Departure）**：出発予定時刻
- **ATD（Actual Time of Departure）**：実出発時刻

get (it), see
わかる

realize
気づく、実現する

カジュアル

understand
理解する

grasp
つかむ

フォーマル

違いがわかる例文

- I don't **see** what you mean.
  ちょっと何言ってるかわからないな。

- I **understand** the situation perfectly.
  状況を完璧に理解しました。

- Do you think he **realizes** how much everyone here dislikes him?
  彼はここの全員がどれだけ彼のことを嫌っているか気づいているのでしょうか。

- I don't think I can **grasp** the point of your talk.
  あなたの話していることの要点がつかめません。

▶ get (it), see 「わかる」 ややカジュアル

用法① カジュアルな「わかった」を表す2語

I get it. / I see. のいずれも気軽な意味で「わかった」と言うときに使う。getは「手に入る」という意味もあることから他動詞のみで使用する。特に「内容を理解する」と言うときに「手に取る」というイメージを持っているとわかりやすい。一般的な「わかった」は、I get it.と言えば良い。「たぶん、わかった」という意味でI think I get it.もよく使う。seeは他動詞・自動詞のいずれも使える。

用法② 自動詞・他動詞としてのsee

I see. を**「わかる」という意味で使うときは、自動詞として使うことが多い。**他動詞として使うときは次のように使うことが多い。

例：I see what he's saying.（彼が言っていることがわかる）

他には、see the point（意味がわかる）という表現もよく使う。その他、日常会話ではMy boyfriend sees me as I am.（私の彼はありのままの私を見てくれるの）/My boyfriend gets me.（私の彼は私を理解してくれる）のように使うことがある。これは見た目だけでなく、自分の本質を見てくれているというニュアンスが伝わる。

用法③ ややカジュアルな表現なので使う相手を選ぼう

I see. やI get it. は友達同士で使うのが良い。目上の人に言わないようにしよう。

▶ understand「理解する」 カジュアル・フォーマル

用法① 自動詞・他動詞としてのunderstand

see同様、understandは他動詞・自動詞の両方で使える。understandの目的語は文だけでなく［人］なども置くことができる。例えばI <u>understand</u> my professor.（教授を理解できる）と言うと「発言や考え方などを全体的に理解している」というニュアンスが伝わる。

用法② I see. よりも強いニュアンスのI understand.

I understand. はI see. より理解度が高いニュアンス。つまりI see. はきちんと理解していない場合でも、うなずいてあいづちを入れておく程度で使って良いが、I understand. は、「本当に理解した」という意味になる。上司にYou can't turn a project in late again.（2度とプロジェクトに遅れることのないように）と言われたらI see. ではなく、I understand.（はい、わかりました）と返すべきだとわかるだろう。

▶ realize「気づく、実現する」 ややフォーマル

用法① 「自分の中で現実になる」がコアイメージ

名詞形はreal（現実）。つまり**realizeは「自分の頭の中で現実になる」というイメージ**を持つと理解しやすい。「はっきり理解する」という意味で他動詞として使われる。「気づく」「実現する」という意味もある。

用法② I realize that...というパターンでもよく使う

前にも起きていたことが自分の中で実感を伴って理解できたという意味。例えば、I <u>realized</u> that I loved him. と言うと「前にも愛していて、彼を愛していたことに気づいた」というニュアンス。understandにこの意味はない。understandを使うのであれば、I <u>understand</u> that he's got a girlfriend.（彼に彼女がいることは理解できる）になる。

▶ grasp「つかむ」 フォーマル

用法① 他動詞として使い、「手に取ってわかる」ニュアンス

graspは「手で取る」という意味でgetより「手に取ってわかる」というニュアンスが強い。getとrealizeと同様、他動詞として使う。grasp an idea は、「わかった！」というニュアンスを強く示す。get the idea は「だいたいわかった」という訳が近く<u>I get the basic</u> idea.（基本的な考えはわかった）のように使う。grasp the idea の場合は<u>I grasp the idea</u> completely.（完全にその考えを理解した）という語の組み合わせが良い。realize the idea は「アイデアを実現する」という意味になる。

ほかの表現

- comprehend「理解する」
  I can't comprehend why he hasn't quit yet.（何故彼がまだ辞めていないのか理解できません）

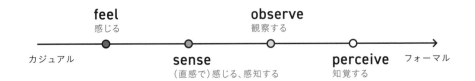

feel
感じる

observe
観察する

カジュアル ━━━━━●━━━━━●━━━━━●━━━━━●━━━━━▶ フォーマル

sense
（直感で）感じる、感知する

perceive
知覚する

違いがわかる例文

- Something about this situation **feels** a little funny.
  この状況の何かが少しおかしい気がします。

- I **sense** danger up ahead.
  この先の危険を察知しています。

- A writer must make it a point to **observe** the world closely.
  作家は、努めて世界を注意深く観察する必要がある。

- He is not as stupid as you **perceive** him to be.
  彼はあなたが思っているほど馬鹿ではありませんよ。

▶ feel「感じる」 ややカジュアル

用法① feel+［形容詞］で感情を表すことが多い

元々feelは **「皮膚で触って感じる」** という意味。そこから、feel+［形容詞］で感情を表すような表現が多い。

例：feel sad（悲しみを感じる）、feel angry（怒りを感じる）、feel happy（幸せを感じる）

また、**feel+［形容詞］+like や feel+［形容詞］+as if という形もよく使う。**

「嬉しい！」を表すイディオムである feel like a million bucks（絶好調）や feel as if I've just hit jackpot（本当にラッキーだ）も覚えておくと便利。sense や observe、perceive にこの用法はない。

用法② feel+(that)…「〜と思う」という使い方も多い

perceiveとsenseもfeel (that)…と似た使い方をする。以下の3つの文はいずれも「なんとなく、彼は私をあまり好きではないようだ」という意味になるので比べてみよう。

I feel that he dislikes me.／I sense that he dislikes me.／I perceive that he dislikes me.

**feelは「今までの経験・自分の性格などによって感覚的に感じる」というニュアンス。
perceiveとsenseは感覚や神経で感じるニュアンス。**

▶ sense「（直感で）感じる、感知する」 カジュアル・フォーマル

用法① senseは「（身体・神経で）刺激を受ける」という意味

名詞のsenseは「五感」という意味。また、神経生物学的にsenseと言うと、感覚受容器(sensory receptor)が刺激を受けること。そこから、「（身体・神経で）**刺激を受ける**」**というイメージ**。**例**：sense danger（[勘も含めて] 身体全体を使って危険を感じ取る）

▶ observe「観察する」 ややフォーマル

用法① observeは、「見たり聞いたりして客観的にわかった」ニュアンス

感覚的に感じるfeelと違い、**見たり聞いたりして客観的にわかったときのみ使う語**。「観察する」という意味。

用法② observeは他動詞で使うことが多いフォーマルな語

observe animals in the wild（自然界の動物を観察する）やobserve a child's behavior（子どもの行動を観察する）といった**ややフォーマルなシーンで使う語**で、「じっと見てどう変わるか観察する」という意味。また、客観的な情報を「見た」という意味でI observed him telling his friends he doesn't like me.（彼は友だちに私のことが嫌いだと言っていたところを見た）という用法もある。

用法③ observeは自動詞で使うと「注意を払う」という意味になる

例：Observe closely. You may see something interesting.（近くで観察しなさい。何か面白いものが見られるかもしれませんよ）

▶ perceive「知覚する、感じる」 フォーマル

用法① perceiveは「身体的で感じ、さらにそれを見抜いたり解釈したりして気づく」

perceiveとsenseは基本的に同じ用法で使われているが、senseは「身体（神経）で感じる」だけの意味で**perceiveは「（身体で感じたものを）解釈する、見抜く、気づく」と**いうニュアンス。

用法② よく使うperceiveの2パターンを覚えておこう

①perceive+[物事]+to be+[形容詞・名詞]：[物事] が [形容詞・名詞] であるとわかる

②perceive+[物事]+as+[形容詞・名詞]：[物事] を [形容詞・名詞] として感じる

feelとsenseにも①と同じfeel... to beやsense... to beという表現はあるが、②のfeel... asとsense... asという使い方はない。「解釈する」という意味を持つperceiveだけが、perceive him as a threat（彼を脅威に感じる）と使うときに適切な語。

> **ほかの表現**
>
> • get a good (bad) vibe from...「～から良い（悪い）雰囲気を感じ取る」
>   ※話し言葉なので、フォーマルな場面では使わない

066

逃げる

	vocabulary	イメージ
カジュアル	**run away**	遠いところまで走る
カジュアル フォーマル いずれも	**escape**	かご・刑務や処罰・虐待から逃げる
	bolt	雷に伴う稲光の放電と同じように速く逃げる
フォーマル	**flee**	(恐れや危険)から逃げる

違いがわかる例文

- Many teenagers **ran away** to San Francisco in the 1970s.
  70年代には多くの10代の若者がサンフランシスコに逃避しました。

- The hamster **escaped** from its cage again.
  ハムスターがまたケージから逃げたのよ。

- It's surprising that more politicians haven't **bolted** the party after the latest scandals.
  多くの政治家が不祥事の後に政党を離脱していないのは、驚くべきことです。

- Whoever carried out this heinous act **fled** the scene quickly.
  凶悪行為を行ったあとは誰でも現場から即座に逃走する。

▶ run away「逃げる」 カジュアル

用法①　「今いるところから遠いところへ行きたい」ニュアンス
子どもが親から離れたいときにI'm running away.と言うのと同じニュアンス。「**とにかく今いるところから遠いところに行きたい（走りたい）**」とき使う。
用法②　run away from...やrun away to...で「逃げたい場所」を表す
run away from...（～から逃げる）、run away to...（～に逃げる）もあわせて覚えよう。
用法③　run (off)との使い分けに注意
run (off)は「ちょっと行かなきゃ」というニュアンスの句動詞で例えば、友達同士で話しているときに時計を見て、Sorry, I've got to run (off) now.（ごめん、もう行かなきゃ）のように使う。もしここでrun (off)の代わりにrun awayと言うと「悪い状態から別の遠いところに行く」という意味が含まれて、相手に失礼に聞こえてしまうの注意。

▶ escape「逃れる」 カジュアル・フォーマル

用法① 「檻・かご・刑務所などから逃げる」ときに使う

escapeは**「処罰」**や**「虐待」から逃げるイメージが強い。**

用法② 他動詞・自動詞のいずれとしても使える

例：My hamster underscored{escaped} (from) its cage.（ハムスターがかごから逃げた）

fromはあってもなくても構わない。**目的語として檻などの物質的なもの以外に状態がくる
こともある**（**例**：escape a bad marriage：悪い結婚生活から逃れる）。

用法③ 「(名前・言葉・日付など)が思い出せない」という使い方もある

「かごから逃げる」という意味から、名前・言葉・日付などを思い出せないという意味
もある。[物事] escapes me...で「[物事] が思い出せない」という形をよく使う。

例：Sorry, his name escapes me right now. He's the guy always wearing that funny
red hat...（ごめんなさい、彼の名前が今思い出せない。彼はいつも面白い赤の帽子を被っ
ていて…）

▶ bolt「逃亡する・脱退する」 カジュアル・フォーマル

用法① 「boltは、とにかく速く逃げる」という意味

boltは、bolt a door（ドアを掛け金で締める）のように「～を施錠する、締める」という意
味で使うことが多い。「逃げる」という意味で使うときは、lightning bolt（雷に伴う稲光の
放電）という語を覚えておくとニュアンスをつかみやすい。**「とにかく速く逃げる」ときに
使う。**

用法② 他動詞・自動詞として使える

例えば、He bolted the political party.（彼はその政党を離れた）のように「離党する」とい
う意味でも使うことが多い。He bolted the second I talked to him about marriage.（結婚
について話した瞬間、彼はすぐに逃げた）と言うと、彼はもう2度と連絡してこないだろう…。

▶ flee「逃げる」 ややフォーマル

用法① fleeは、「危険や恐れから逃げる」という意味

flee danger（危険から逃げる）のように抽象的な名詞と一緒に使うことが多い。

用法② 他動詞・自動詞として使える

他動詞として使うときは次のような名詞と一緒に使うことが多い。flee the country（[犯人
が逮捕されないように] 国から逃げる）、flee the crime scene（犯罪の場から逃げる）、flee a war
zone（紛争地帯から逃げる）など、ニュースでよく使われる。

ほ か の 表 現

- evacuate「(安全な場所に)避難する」
  People evacuated the building during the fire.（火事により人々はそのビルから避難した）

067

休む・休憩する

vocabulary	相性の良いイメージ
rest	（スポーツなど、他、全般的に）休憩する
take a break	（仕事や勉強中の）ひと休みを取る
slow down	（仕事や生活のペースの）緊張がほぐれる
take it easy	（仕事や生活のペースの）無理をしない、落ちつかせる

違いがわかる例文

- It's important to rest after a hard workout.
  激務のあとに休養を取るのは重要です。

- You should take a break from studying every now and then.
  勉強の合間に休憩を挟むのよ。

- You need to slow down and enjoy your life more.
  のんびり構えて、もっと人生を楽しまなきゃ。

- He decided to take it easy after finishing the last project.
  彼は最後のプロジェクトの終了後に無理をしないことに決めた。

▶ rest「休む、休憩する」 カジュアル・フォーマル

用法① restは、「スポーツの合間などで休憩をとる」ときに使うことが多い

例 ： It's important for athletes to rest at least one day a week.（アスリートにとって少なくとも1週間に1日休みを取ることが重要だ）

After injury, you need to rest for a week.（ケガのあとは、1週間の休養を取る必要がある）

用法② restは、「（その期間）ずっと何もしないで完全に休む、休憩をする」ニュアンス

聖書の創造神話で、On the seventh day, God rested.（7日目に、神は休まれた）という記述がある。この文でrestの代わりに、took a breakやslowed downを使うことはできない。神は地球を創ったあと、（何もしないで）まる1日休んだ、という意味。

用法③ restは、不可算名詞・可算名詞としての名詞でもある

「あなたは休みが必要だ」という文は、restの用法別に以下のように表現できる。[動詞として]You need to rest.／[不可算名詞として]You need rest.／[可算名詞として]You need to take a rest.

なお、**可算名詞として使うときは「休む」というより「ひと休み」というニュアンス。**

▶ take a break「休憩を取る、ひと休みする」 ややカジュアル

用法① take a breakは「(仕事や勉強中に)ひと休みする」ニュアンス
友人と一緒に勉強しているときや、同僚と一生懸命仕事をしようとしているときに、Don't you think we should take a break now?(すこし休まない?)のように使うのが適切。また、coffeeやsnack、dessertを入れてtake a coffee break、take a snack break、take a dessert breakのように使うこともある。
用法② take a breakは「短い休憩」に限って使う
「ひと休みだけ」という意味で使う。vacationよりも短い休み。take a break for a couple of days(数日間休む)のように使い、通常、主観的にも短い間の休みに使う。

▶ slow down「のんびりする、ゆとりを持つ」 カジュアル・フォーマル

用法① 「減速する」、つまり「ペースなどを落として、ゆっくりする」
slow downは文字通り、「減速する」という意味。例えば、車の助手席に座っていて、車の運転が速いと思ったとき、運転手にYou need to slow down!(スピードを落として!)のように使う。そこから、**slow downは「緊張がほぐれる」という意味でも使える。**
例: You seem worn out recently. You really ought to slow down.(最近、疲れ切っているみたいね。本当に、少しゆっくりすべきだわ)

▶ take it easy「気楽にいく」 ややカジュアル

用法① 「気楽にいく」がコアイメージ
「気楽にいく」という意味の他、「やり過ぎないようにしよう」という意味でも使われる。例えば、お酒を飲み過ぎている人にTake it easy on the drinks.と使うと「お酒を飲み過ぎないように」という意味。
用法② take it easyは「日常生活における様々な物事に対して気楽に受け止める」
take it easyは「休む」だけでなく、**「日常生活における様々な物事に対して気楽に受け止める」というニュアンス**。代名詞itが表すことは仕事だったり恋愛だったり、はたまた「人生全般」についてもtake it easy (take "life" easy)と言える。そのため、「休息をしっかりとる」という意味の**restとは違い、「無理をしない」というニュアンスが強い**。例えばスポーツ選手がI need to take it easy for a couple of days.(数日間休む必要がある)と言うとトレーニングの負荷・頻度を減らすという意味になる。

> COLUMN
> **● 気遣いのフレーズ Take it easy!**
> 緊張している人や悩んでいる人に対して使うフレーズです。「気楽にね!」や「無理しないのよ」という意味があります。

068

持つ、抱く

	vocabulary	相性の良い目的語
弱 ↑「抱く」程度 ↓ 強	**have**	物質的なもの（例：a bag等）、特徴（例：long hair等）、仕事や立場、抽象的なこと（例：ideas, personality, beliefs）
	hold	物質的なもの（例：a bag, a baby等）、仕事や立場、「強く」信じること（例：beliefs, ideas, truths）
	hug	人やぬいぐるみ（例：a child）
	embrace	人（例：a lover）、抽象的なこと（例：a vision/an idea） a wide array of topics「様々な分野に渡る」

違いがわかる例文

- Do you **have** a pen?
  ペンを持っていますか？

- This container can **hold** about two gallons of water.
  この容器には約2ガロンの水が入ります。

- It is more common to **hug** as a greeting in Europe than in the USA.
  挨拶としてハグをすることはアメリカよりもヨーロッパのほうが一般的です。

- Some employees don't **embrace** the company vision.
  従業員の何人かは会社のビジョンを受け入れていません。

▶ **have**「持つ」 カジュアル・フォーマル

用法① haveは「〜がある」「〜を持っている」という一般的な動詞
have an apple in my hands（手にリンゴを持っている）のように物質的な物を手で持っている場合やWe don't need to buy apples today. We already have three at home.（私たちは今日はリンゴを買う必要はない。家にすでに3つあるから）のように、カバンの中や自分の家に持っている（にある）場合も表現できる。

用法②「子どもが1人いる」ことを表すのにもhaveを使う
例えば、have a babyは、「赤子を抱っこする」ではなく「赤子が1人いる（その子の親である）」「赤子を産む」という意味。

用法③「思考・意見・性格などが（人の中に）ある」という場合もhaveを使う
have beliefs（信念を持つ）、have opinions（意見を持つ）、have a fun personality（楽しい性格である）のように使う。

▶ hold「抱く」 カジュアル・フォーマル

用法① holdは「物質的な物を手や腕で持つ」ニュアンス

hold an apple や hold a baby と言うと、「自分の手や腕でリンゴや赤ちゃんを持つ」という意味。ちなみに、小さい子どもが「ママ、抱っこ！」というときは、Mommy, hold me! や Pick me up. と言う。

用法② holdは「強く持つ」イメージで立場や仕事について話すときによく使う語

have の「手で持つ」イメージで言うと**holdはhaveより「強く持つ」イメージ**。そのため例えば、have a job(仕事がある)に比べ hold a job と言うと「クビにならないように頑張っていて、仕事がある」というニュアンス。hold beliefs や hold opinions も have を使うより「強く(信念や意見を)持っている」という意味。仕事や立場について話すときよく使う。

用法③ 「手で持つ」という意味のholdは決まり文句も多い

例：hold onto a handrail(手すりを持つ)、hold on for dear life(必死になってすがりつく)、hold ＋[人]＋ up as ＋[手本・理想など]([人]を[手本・理想など]として示す、挙げる)

▶ hug「抱きしめる」 ややカジュアル

用法① hugは、名詞でも動詞でも使えて、「ぎゅっと抱きしめる」という意味

hug は**名詞としても動詞としても使える**(Give me a hug. = Hug me.)。子どもが親に Hug me! と言うと「私をぎゅっと抱きしめて」という意味。

▶ embrace「抱擁する」 ややフォーマル

用法① embraceは「大喜びで(人などを)抱きしめる」ニュアンス

hug と同様、他動詞・自動詞として使える。**hugよりも喜びのニュアンスが強い**。

自動詞：The two lovers embraced.(2人の恋人は抱きしめ合った) / The two friends hugged.(2人の友達は抱き合った)

他動詞：The two lovers embraced each other. / The two friends hugged each other.

用法② embraceは「強く信じて受け入れる」ニュアンスもある

embrace ideals(理想を受け入れる)、embrace a vision(ビジョンを受け入れる)、embrace values(価値を受け入れる)のように「強く信じるもの」に使う。

用法③ embraceは、「～を含む、～にわたる」という意味もある

例：The reference book embraces a wide variety of scientific fields.(その参考文献には科学分野の幅広く様々な情報が含まれている) = This reference book has[holds] information on a wide variety of scientific fields.

ほかの表現

• with open arms「両手を広げて、心から喜んで」
　The country welcomes refugees with open arms.(その国は難民を喜んで受け入れます)

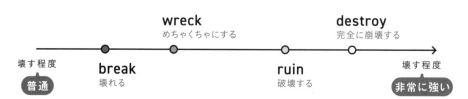

壊す程度		wreck めちゃくちゃにする		destroy 完全に崩壊する	壊す程度
普通	break 壊れる		ruin 破壊する		**非常に強い**

違いがわかる例文

- My car **broke** down last weekend, so I need to hire a mechanic.
  先週末に車が壊れたから、整備士を呼ばなくっちゃ。

- The rock star got drunk and **wrecked** his hotel room.
  そのロックスターは酔っぱらって、ホテルの部屋をボロボロにした。

- You'll **ruin** the surprise if you tell her about the party in advance!
  もし彼女にパーティーのことを事前に言ったら、サプライズが台なしになるからね!

- He **destroyed** his career by making racist comments on Twitter.
  彼はTwitterに人種差別的なコメントを掲載したことにより、自信のキャリアを破壊した。

▶ break「壊れる」 ややカジュアル

用法① 他動詞・自動詞として使えるbreakは「電化製品が壊れる」という意味で使うことが多い

例:I broke the laptop when I spilled coffee on the keyboard.(キーボードにコーヒーをこぼして、ラップトップを壊した)

The computer broke (down).(そのコンピューターが壊れた)

例文はともに、**機能だけを失って、直る可能性はある**というニュアンス。

例:I need to call the repairman to look at our broken washing machine.(修理工を呼んで、壊れた洗濯機を見てもらう必要がある)

用法② break+heart「心」またはwill「意思」で使うことも多い

例:My ex-wife broke my heart, but she didn't break my will to live.(私の前妻は私の心は壊したが、私の生きる意志を壊しはしなかった)

break the bank(胴元をつぶす、破産させる)というイディオムも覚えておくと便利。

例:Paying fees to a divorce lawyer breaks the bank.(離婚弁護士に報酬を払い、破産する)

▶ wreck「破壊する」 カジュアル・フォーマル

用法① wreckは名詞で「事故」の意味
名詞のwreckは「事故」の意味で、car wreck（車事故）、train wreck（電車事故）のように使うことが多い。動詞としてはwreck the car（車を破壊する）という表現がよく使われる。車や乗り物以外でも、物質的な物に対してwreck a room（部屋を壊す）と使う。
用法② wreckは「めちゃくちゃに壊す」という意味
wreck plans（計画をめちゃくちゃにする）、wreck dreams（夢をめちゃくちゃに壊す）、wreck chances（チャンスをつぶす）、wreck a reputation（評判をめちゃくちゃにする）のような使い方もある。いずれもwreckをbreakに置き換えることはできない。

例：He wrecked his chances of being promoted when he called our boss a fat pig.（彼は上司のことを「太ったブタ」と呼んだときに昇進するチャンスをつぶした）

▶ ruin「破壊する、粉砕する」 カジュアル・フォーマル

用法① ruinは「跡形もなく使えなくする、つぶす」という意味
複数形の名詞ruinsは「跡」という意味で、そこから動詞ruinには「（跡形もなくなるほど）使えなくする、つぶす」という意味があると考えると覚えやすい。

例：I ruined the laptop when I spilled coffee on the keyboard.（キーボードにコーヒーをこぼしたときに、ラップトップを壊した）

ruinを使うと**「修理もできないほど壊れて使えなくなった」**という意味。
用法② ruin a surprise「ネタバレする」というイディオムを覚えよう
ruin a surprise（サプライズを台なしにする）、つまり「ネタバレする」というイディオム。ここに出てきている他のbreakやwreck、destroyを置き換えて使うことはできない。spoil a surpriseも同義。

▶ destroy「破壊する、荒廃させる」 ややフォーマル

用法① destroyは壊す度合いが最も強く、「完全に破壊する」という意味
ゲームで使うときもruin the worldやbreak the worldではなく、destroy the world（地球を滅ぼす）と使う。wreckやruinと同じように、destroy chances（チャンスをなくす）、destroy a reputation（評判を打ち砕く）、destroy a career（経歴を台なしにする）のように使えるが**破壊されたニュアンスがより強い。もう原形をとどめないほどつぶされたという意味**。

ほかの表現

- upset「機能や秩序を壊す」
Please proceed carefully so as not to further upset the situation.（動揺を広げないよう、注意深く進行してください）

070 動かす・動く

vocabulary	他動詞での相性の良い目的語	自動詞での相性の良い目的語など
move	・物質的なもの(move a piece of furniture) ・人(move [人] (to tears)など) ・家など	・move to...「…へ行く、引っ越す」 ・move from...「…から行く、引っ越す」 ・move away (from...)「…から離れる」
shift	shift weight(from left to right)、shift positionsなど	・shift from (left to right) ・windやpublic opinionがあるところから別のところへ移動する
stir	・物質的なもの(stir soup) ・stir feelingsやunrest(興奮させる)	・人や生き物(少し動く) ・stir up troubleなど
budge	・物質的なもの(少し動かす) ・人の考えや思考など(少し変える)	・物質的なもの(少し動く) ・人の考えや思考(少しでも変わる)

違いがわかる例文

- **Move** to the side! A car is coming down the road.
  端に避けて！　車が来るから。

- The politician has **shifted** his position on this issue several times.
  その政治家は、この問題に関して数回にわたり立場を変えた。

- I think she's just trying to **stir up** trouble. It's best to ignore her.
  彼女は事を荒立てようとしてると思うな。無視するのが一番だよ。

- We begged and pleaded for him to change his mind, but he wouldn't **budge**.
  我々は彼に考え直すように懇願し訴えたが、彼は意見を変えようとはしなかった。

▶ **move**「動く」 カジュアル・フォーマル

用法① moveは「動く」だけではなく「引っ越す」の意味もある
move a piece of furniture は「(目的語である)家具を動かす」で、move houses は「引っ越す」という意味。自動詞としてI moved. と使うと「引っ越した」という意味。
用法② move+[人]で「感情的に刺激を与える、考えを変えさせる」
例：The song moved us to tears.(その歌は私たちを泣かせた)
用法③ move+to/away/fromで使うことが多い
例：The political party moved to the center.(その政党は中心部に移動した)

▶ shift「移行する」 カジュアル・フォーマル

用法① shiftは「左右に動く」イメージ
他動詞・自動詞のいずれとしても使う。**「左右に動く」イメージ**があるので、shift (weight) from left to right(体重が左右に動く)のように使う。
用法② 「(組織や政党、意見など)が変わる」という意味もある
positionやpublic opinionを目的語にしてニュースや論文でよく使う。

例：The candidate shifted his positions on important issues several times over the course of his career.(その候補者はキャリアの過程で、重要な問題に関する自身の立場を何度も変えた)

movedの用法③の例と同様、The political party shifted to the center. のように組織や政党、意見などが1か所(方向)から別の場所(方向)へ変わるときにshift toをよく使う。

▶ stir「かき混ぜる・奮起させる」 カジュアル・フォーマル

用法① stirのコアイメージは「かき混ぜる」
他動詞で「かき混ぜる」が基本的な意味。stir coffee(コーヒーをかきまぜる)、stir soup (スープをかきまぜる)のように使う。**「液体に近いものをかき混ぜる」イメージ。**
用法② shiftよりも強く「(意見や考えなど)が変わる」意味もある
stir feelingsやstir foment、stir unrestと言うと**「(人を)興奮させる」という意味**。His speech stirred the people to action.と言うとmoveやshiftよりも強く、「彼のスピーチは(意見を変えるだけでなく行動を変えてしまうほど)人を興奮させる」イメージ。
用法③ 人や生き物が主語で「少し動く」という意味
人や生き物が主語になって少し動くという意味もある。

▶ budge「ちょっと動く、身動きする」 カジュアル・フォーマル

用法① budgeは、否定文で使うことが多く、「少しだけ動く・動かせる」という意味

例：We tried to open the window, but it wouldn't budge.(私たちは窓を開けようとしたが少しも動かなかった)

COLUMN

・パソコンの【Shiftキー】は、なぜ「移動」なの??

英数入力時にShiftキーを押すと小文字から大文字に切り替わりますよね。キーの名前の由来は19世紀に遡ります。時代はタイプライター。当時は大文字のみしか入力できなかったそうですが、1878年に発売されたタイプライターに初めて「Shiftキー」が搭載されました。Shiftキーの押下で活字棒が前後に移動(shift)し、それにより大文字と小文字の入力切替を可能にする構造でした。それ以降、現代のPC時代に至るまで「Shiftキー」という名称が世界的に定着しました。

	vocabulary	相性の良い目的語
カジュアル フォーマル いずれも	**improve**	物質的な物（productなど）、アイデアやシステム
	advance	アイデアなど、人（を昇進させる）
	reform	物質的な物（productなど）、人（を改心させる）、構造（を改革する）
フォーマル	**enhance**	物質的な物（productなど）、写真など（編集してよく見せる）

違いがわかる例文

- Your writing will **improve** if you read more.
  もっとたくさん読めば、あなたの文章はもっと上達するよ。

- Construction of the new HQ is **advancing** towards completion.
  新しい本部の建設は完成に向かって進んでいる。

- What needs to be done to **reform** the justice system?
  司法制度を改善するために、何をなすべきでしょうか。

- She tried to **enhance** her appearance with plastic surgery, but I'd say it was a failure.
  彼女は美容整形によって見かけを良くしようとしたようですが、失敗でしたね。

▶ **improve**「改良する、上達する」 カジュアル・フォーマル

用法①　他動詞のimproveは目的語に「物」だけでなくアイデアなども置くことができる
他動詞の improve は、目的語に物質的な物を置いて、improve a product（商品を改善する）、improve the décor in a room（部屋の飾りつけをきれいにする）のように使う。その他、アイデアなど抽象的な名詞を目的語にして improve an idea（アイデアを改善する）、improve employee attitudes towards work（仕事に対する社員の態度を改善する）のように使うことも多い。また **improve a product（商品を改善する）と言うと「使いやすさや見た目を良くする」ニュアンスがある。**
用法②　［上達したもの・こと］＋improveで自動詞でも使える
例：Working conditions improved after the labor union filed a petition.（労働組合が請願書を出したあと、仕事環境が改善した）

▶ advance「進歩する、向上する」 カジュアル・フォーマル

用法① 自動詞advance in...で「（知識・研究・出世などにおいて）進歩する，向上する」

例：I advanced in my ability to express myself in English.（英語で自分を表現するための
能力を向上させた）

用法② 他動詞または受動態のadvanceは、「（人を）昇進させる」または「（アイデアや
計画を）進める」

例：He was advanced to captain of his brigade.（彼は、旅団の船長に昇格した）
The labor union members advanced the negotiation of paid overtime for all
employees.（労働組合のメンバーは全従業員への残業代の交渉を進めた）

advance a productと言うとその製品を改良するのではなく、製品を促進するという意味。

▶ reform「改正する、改善する」 ややフォーマル

用法① reformは「問題を直す」ニュアンス

reformは、improveよりも「問題を直す」ニュアンスがあり、「改正する、改善す
る、改革する」という訳が自然。例えばreform a productと言うと「商品（の欠陥
など）を改善する」という意味。物質的な物の他、政府や教育のシステムなどを「改
正する、改革する」ときも使う。reform the government（政府を改革する）、reform the
educational system（教育システムを改革する）など、政府の改革に使うことが多い。

用法② reformは、「（人を）改心させる」という意味もある

他動詞：The nun tried to reform the prisoners by discussing the Bible with them.（そ
の尼は、囚人たちと聖書について話し合うことで、改心させようとした）

自動詞：People reform only by their own efforts.（自身の努力によってのみ、改心できる）

▶ enhance「高める、強める」 フォーマル

用法① enhanceは他動詞としての使い方のみ

物質的な物を目的語にして、enhance appearance（容貌や外観をさらに良くする）や、
enhance a picture（写真をよりきれいにするために編集する）と使うことが多い。

用法② enhanceはビジネスでも使う語

マーケティング用語としてenhance a productと言うと、reform a product「商品の欠陥を
直す」より、「（新しい機能など追加して）機能を強化する」というニュアンス。

ほかの表現

• progress「前に進む、上達する」
My grandma's condition is progressing day by day.（おばあちゃんの具合は日に日に回
復しています）

	vocabulary	他動詞で相性の良い目的語	自動詞で相性の良い主語
カジュアル フォーマル いずれも	**change**	・物質的な物・洋服（着替えをchange clothesと言う） ・人 ・マインドや計画など	人・物事・状態・環境など
	vary	習慣ややり方など	習慣
	adapt	adapt［物事］to［状態など］	人や組織や会社
フォーマル	**transform**	transform［人・物事］into［人・物事］	人やロボット

違いがわかる例文

- I need to **change** my morning routine. From now on I'll stretch before I drink a cup of coffee.

  モーニングルーティンを**変え**なくちゃ。これからはコーヒーを飲む前にストレッチしよう。

- I try to **vary** my routine. Sometimes I stretch in the morning, and sometimes I go for a jog.

  日々のルーティンに**変化を持たせる**ようにしています。時には朝ストレッチをすることもありますし、ジョギングに行くこともあります。

- She never felt like she **adapted** to life in Japan.

  彼女は、自分が日本の生活に**馴染んだ**と感じることはなかった。

- He **transformed** into a completely different, more confident person after he graduated from university.

  彼は完全に**変わりました**。大学を卒業してからはより自信に満ちた人になりました。

▶ change「変わる」 カジュアル・フォーマル

用法① 物の交換だけでなく、「意思で物事を交換する・変える」ときに便利な他動詞としての用法

物質的な物（**例**：change clothes や change towels）を交換するだけでなく、change (one's) mind や change plans（計画）、change jobs（仕事）のように「**意思で物事を交換する・変える**」ときは他動詞の change を使うのが適切。

用法② 変わる対象である「物」を主語にすることもある

Seasons change. と言うと意思で季節を変えるのではなく「季節が自然に変わる」ことを表す。例えば、I changed jobs. は「自分の意思で仕事を探して新しい仕事に就いた」という意味だが、My job changed. は「転勤や命令により仕事が変わった」というニュアンス（仕事は変わらないが、仕事の内容が変わっただけという場合も主語がMy jobになる）。

▶ vary「多様化する」 ややフォーマル

用法① 他動詞として使うと、主語の意思が反映されているニュアンス
I try to vary my routine from day to day.（自分の日課を日々変えようとしています）と言うと、**意識的に毎日違うことをやろうとしている意味が伝わる。**もしchange my routineと言うと「（1回だけかもしれないが）とにかくルーティンを変える」という意味。
用法② 自動詞として使うと、主語が「様々にある」または「日によって変わる」
例えば、Opinions vary on this subject.（この件については意見が様々だ）、My routine varies from day to day.（私の日課は日々変わる）のように使う。

▶ adapt「順応する、〜に合わせて変える」 フォーマル

用法① 進化について話すときによく使う語
The species that survive have better adapted to the environment.（生き残った種はよく環境に順応してきた）のようにadapt toの形をよく使う。Have you adapted to life in Japan? は「もう日本の生活に慣れてきた？」という意味。単に「変わる」でなく、**「環境に合わせるように変わる・変える」ニュアンスが強い。**
用法② 他動詞として使うと「物事を環境などに合わせるように変える」という意味
例：The speaker adapted her style to the audience she was addressing.（その話し手は聴衆に合わせるようにスタイルを変えた）

▶ transform「本質的に変える」 フォーマル

用法① 「変身する」ほど「本質的に変える・変わる」というニュアンス
前置詞のintoと一緒に使ってtransform into...「〜に変身する」のように使うことが多い。**「別の物の中に入って、その物になる」イメージ**を持つと理解しやすい。
他動詞の例：The child transformed an ordinary cardboard box into a fantasy world.
　　　　　　　（その子は普通の段ボールをファンタジーな世界に変えた）
用法② 自動詞としてのtransformはbecomeとほぼ同じ用法
transform into のほうがbecomeより**変化を強調しているニュアンス。**

> **ほかの表現**
>
> ● evolve「発展する、進化する、変化する」
> 　Her love for the country evolved into a faith in revolution.（彼女の祖国への愛は、革命への信念へと変化した）

073 影響する

affect
影響を与える

impress
強い影響を与える

impact
大きな影響を与える

カジュアル ←———————————————————→ フォーマル

influence
〜に影響を与えた

違いがわかる例文

- The change in policy won't **affect** me personally.
  政策の方向転換は私個人には何の影響もありません。

- I am **impressed** with how hard you worked on this project.
  あなたがこのプロジェクトに一生懸命取り組む姿に感銘を受けました。

- Her high school English teacher **influenced** her to want to study abroad.
  彼女の高校の英語教師の影響で、彼女は留学を希望するようになりました。

- The March 2011 earthquake severely **impacted** Japanese society.
  2011年3月の震災は日本社会に甚大な影響を及ぼした。

▶ **affect** 「〜に作用する、影響を与える」 カジュアル・フォーマル

用法① affectは「感情的に影響を与える」という意味合いが強い

affect は「影響する」という意味の動詞で**「感情的に、影響を与える」**という意味。

例：His speech <u>affected</u> me deeply.（彼のスピーチは私に強く影響を与えた）

泣いてしまうほど心の奥底まで彼の言葉が響いているニュアンス。それによって何か行動しようというほど、何かしらの結果をもたらすような影響を受けたわけではないが、感動したという感情に影響があったことを伝えている。

用法② affectとeffectの違いに注意

have an effect on...（〜に影響がある）を覚えておこう。動詞affectと名詞effect（効果）は間違いやすいので注意。下記はともに「選挙の結果は、株式市場に影響を与える」という意味の文。

The outcome of the election will <u>affect</u> the stock market.

= The outcome of the election will <u>have an effect on</u> the stock market.

▶ **impress** 「強い影響を与える」 ややフォーマル

用法① impressは「強い影響、印象を与える」という意味
impress は「刻印する」という意味もあり、「影響を与える」という意味では **「強い影響、印象を残す」というニュアンスがある。**たいていの場合、ポジティブに使われるが、ネガティブにも中立的にも使われることがある。

用法② impress+［人］で「（主語が）［人］に強い影響を与えた」という意味
affectと同様、「ある結果をもたらすまで、影響を与える」というわけではなく（つまり、何かしらの結果をもたらすほどの影響を与えたというわけではなく）、単に「強い影響を与えた」と言うときに使う。**例**：His speech <u>impressed</u> me.（彼のスピーチが非常に印象に残った）

▶ influence「〜に影響を与えた」 ややフォーマル

用法① 他動詞で使い、「（〜という結果をもたらすまで）〜に影響を与えた」という意味
「どんな結果になるまで影響を及ぼしたか」を説明することが多い。
例：His speech <u>influenced</u> me to be a writer.（彼のスピーチは私が作家になる影響を与えた）
用法② influenceはニュースやアカデミックな文で使うこともしばしば
例：Adam Smith's *The Wealth of Nations* <u>influenced</u> Karl Marx, John Stuart Mill, and other 19th century economists and authors.（アダム・スミスの「国富論」はカール・マルクスやジョン・スチュアート・ミルの他、19世紀の経済学者や作家に影響を及ぼした）
上記の例文でinfluenceをaffectに置き換えることはできない。

▶ (have/make an) impact「影響を及ぼす」 フォーマル

用法① impactはニュースで頻出の「大きな影響を与える」という意味の語
impact は1つのものがもう1つのものに「衝突した」という意味がある。そこから、His speech <u>impacted</u> [had an <u>impact</u> on] me.（彼のスピーチが私に影響を与えた）と言うと彼のスピーチを聞いて**大きな衝撃があった**というニュアンス。ニュースで使うときは、主語にイベントや行事を、目的語に社会や社会現象を置くことが多い。
例：The events of September 11, 2001, <u>impacted</u> American attitudes towards safety and security.（2001年9月11日の出来事は、安全性とセキュリティに対するアメリカ人の態度に大きな影響を与えた）

COLUMN

• affectとaffectionとloveと
筆者は高校生のとき、「影響する（affect）」と「愛情（affection）」の2つの単語がどうしてこんなに似ているんだろうと疑問に思っていました。その語源はいずれもラテン語にあり「心が動かされる、心が惹かれる」という意味からきているそうです。そしてもうひとつの疑問はaffection（愛情）とlove（愛）の違いです。なんだか哲学的な問いのようですが、affectionは母性等に見られる穏やかな愛情を指します。母性愛はmaternal affectionなので、よくテレビで聞く「〇〇の半分は優しさでできています」を通訳するとHalf of 〇〇 is made by affection.でしょうか。

074　手に入れる・得る

カジュアル

vocabulary	相性の良い目的語
get	・買うもの（例：a new car） ・寛容に受け取るもの（例：a phone call, a grade）
gain	・量・サイズ・程度など数字が増えるもの（例：weight, speed） ・行動した結果、もらうもの（例：a good/bad reputation,（人の）respect）
earn	・努力した結果、得られるもの・事（例：an income） ・相応のものをもらうもの・事（例：a bad/good reputation,（人の）respect）
obtain	・計画的に行動した結果、もらうもの（例：citizenship）
acquire	・方法など関係なく、もらうもの・事

カジュアル／フォーマル／いずれも

フォーマル

違いがわかる例文

- I try to ask myself what I can **gain** from every experience, good or bad.
  私は良し悪しに関わらずあらゆる経験から、何を学べるかということを常に自問するようにしています。

- It's considered impolite in America to ask people how much income they **earn**.
  アメリカでは、いくら稼いでいるかを聞くのは無礼なことだと考えられています。

- You need only to fill out a bit of paperwork to **obtain** a marriage license.
  ちょっとした書類に記入するだけで、結婚証明書を得ることができます。

- I **acquired** a taste for sashimi after I moved to Japan.
  日本に越してきてから、刺身をだんだん好きになりました。

▶ get, gain「もらう」 カジュアル・ややカジュアル

用法① getは他動詞としてカジュアルに使える語

getの意味は非常に様々で、「買う」「（寛容に）もらう」「受ける」という意味などがある。

例：I'll get some milk on the way home.（家への帰り道に牛乳を買うつもりだ）

I got a phone call from my friend this morning.（今朝、友達から電話があった）

用法② gainは数字的なものが「あがる」イメージ

例えば、The car gained speed.（その車はスピードをあげた）、She gained five kilograms last winter.（彼女は去年の冬に5キロ太った）などのように使う。

用法③ gainは「行動した結果、得たもの・事」を目的語にすることが多い

通常、良いもの・事と一緒に使うことが多いが、悪いもの・事を得る場合にも使う。
例えば、gain new understanding（新しい理解を得る）、gain a lot of respect（たくさんの尊敬
を得る）、gain a bad reputation（悪い噂を得る）など。

▶ earn「得る」 カジュアル・フォーマル

用法① earnは、収入や努力した結果、得られたものを「得る」

例： earn money（お金を稼ぐ）、earn an income（収入を得る）、earn a living（生計を立てる）

用法② 「相応の価値の物をもらう」というニュアンスも

例えば、earn a bad reputation や earn a bad review と言うと単に「悪い噂や結果を得
る」ではなく、**「本当に悪い行動した結果、悪く評価された」** という意味。

▶ obtain「手に入れる、調達する」 フォーマル

用法① 計画的に行動した結果、得られたものを「手に入れる」

obtain U.S. citizenship（アメリカの市民権を得る）、obtain a driver's license（運転免許を得る）
は、**様々な準備をした結果、手に入れたニュアンスが伝わる。**

他にも obtain a job というと「レジュメを書くなど計画的に就活をして、面接を受けに
行った結果、仕事に就いた」のように計画的な行動のあと、得たという意味が伝わる。

▶ acquire「取得する」 フォーマル

用法① getのフォーマル度が高い語

acquire a government position のように**目的語が硬い語である場合はget よりもacquire
を使うほうが適切**。例えば、acquire a bad reputation（悪評を受け取った）は、なぜ悪い
評価がされたかを気にするのではなく、「とにかく周りが悪く評価している」という意味。

用法② 知識や能力と一緒に使って「身につける」という意味も

Do you think I can acquire the ability to speak English in my sleep?（寝ている間に英語
を話す能力を身につけられると思いますか）のように、努力の結果得るのではなく、**自然に
身につける場合にもacquire を使う。**

ほかの表現

- receive「受け取る、（手紙などを）もらう」
  Haven't you received her letter yet?（彼女からの手紙、まだ受け取ってないの?）
- procure「調達する」
  The school procured funding to construct a new gymnasium.（その学校では、新しい
  体育館の建設のための基金を調達した）

	vocabulary	相性の良い時間帯	相性の良い食べ方
カジュアル	snack (on) nibble on [at]	おやつ・間食	おやつ・間食を食べる
	wolf down scarf down	どの時間帯でも	とにかく速く食べる
カジュアル フォーマル いずれも	eat	おやつ・朝食・昼食・ 夕食などすべて	全般的に食べる
フォーマル	dine (on)	主に夕食	フォーマルな場で食事する

違いがわかる例文

- I don't need to eat dinner because I've been **snacking** all day long.
  今日は晩ご飯いらないや。だって1日中間食してたから。

- I **wolfed down** breakfast and ran out the door.
  朝ごはんをかき込んで、私はドアを飛び出した。

- I'm ready to **eat** dinner now.
  今、晩ご飯食べられるよ。

- We **dined on** French cuisine cooked with fresh local ingredients.
  新鮮な地場の食材を使ったフランス料理店で食事をした。

◼ snack (on), nibble on [at] 「間食する、つまむ」 カジュアル

用法① snackは、「間食する」イメージ

I snacked on potato chips all day long.（1日中ポテトチップスを間食していた）のように、**snack on...で「〜を間食する」**と使う。また、I snacked after school today.（今日放課後に間食した）のように**自動詞としても使える。**

用法② nibbleは、「ちょっと食べる・かじる」イメージ

nibbleは「**少しの量だけ食べる**」という意味で、「ウサギがニンジンを食べている」イメージ。The thin woman only nibbled on (at) her dinner.（細い女性は夕食を少しだけ食べていた）のようにnibbleのあとに目的語を置く場合、**nibble at**でも**nibble on**でも良い。

◼ wolf down, scarf down 「がっつく」 カジュアル

用法① 「(狼のようにはやく)がっついて食べる」イメージの句動詞

wolf downもscarf downもいずれも**「狼のように速く食べること」**を表す句動詞。I had to wolf down lunch so I could get back to work.(仕事に戻らなければならないので昼食を急いで食べた)のように、お腹が空いているから速く食べるというより、**時間がないから速く食べるというニュアンス**。句動詞であるため、目的語が代名詞のときと名詞のときの位置に注意(**例**：wolf down breakfast、wolf it down)。

▶ eat「食べる」 カジュアル・フォーマル

用法① eatはどの場面でも使える「食べる」

eatはあらゆるシーンで使える**「食べる」**という動詞で、他動詞でも自動詞でも使える。

例：Have you eaten (dinner)?(夕食は食べた?)
I only snacked on popcorn. I haven't eaten yet.(ポップコーンをつまんだだけ。夕食はまだ食べてないよ)

夕方5時以降くらいにHave you eaten?またはDid you eat(dinner)?と聞けばHave you eaten dinner?という意味だとわかるのでdinnerは言わなくても良い。

用法② 他動詞eatの代わりにhaveを使うことも多い

Have you eaten(dinner)? = Have you had dinner?(have のほうがeatよりカジュアル)。

▶ dine (on)「食事をする」 フォーマル

用法① dineは主に自動詞として使う

dineは主に自動詞として使い、dine out(外で食べる)の他、dine on+[食べ物](食事に[食べ物]を食べる)というパターンが多用される。I enjoy dining out with my family.は「家族と一緒にレストランなど外で食べるのが好きだ」という意味。dine on fish and fresh vegetablesと言うと**「ある程度フォーマルな場面や場所での夕食**で、魚と野菜を食べる」というニュアンス。

用法② wine and dine+[人]で「[人]を接待する」

例：We wined and dined them.(私たちは彼らを接待した)

COLUMN

● **幅広いeatの用法**

誰でも知っているeatという単語には、実は「食べる」の他に多くの意味があるのをご存知ですか? 特に前置詞と一緒に使ってみると幅が広がります!

- (物の表面を)浸食する、腐食させる **例**: eat away at the surface of...
- (お金・資源を)使い尽くす **例**: eat up the budget
- (時間などを)飲み込む **例**: eat up time, eat time, eat away at time

076

使う・費やす

vocabulary	相性の良い目的語
use	全般的にすべて
spend	moneyが多い。その他、time, energy, resourcesなど
employ	time, energy, resources, toolsなど
expend	time, energy, resources, moneyなど

カジュアル
フォーマル
いずれも

↓

ややフォーマル

違いがわかる例文

- Human beings first began using stone tools more than two million years ago.
  200万年以上前、人類は石器を使い始めた。

- Be careful to keep track of all the time you spend on the project and bill appropriately.
  このプロジェクトで費やす時間と適切な経費を常に注意深くチェックしておくように。

- We need to employ all of our resources to ensure this kind of problem doesn't occur in the future.
  同じ類の問題を今後2度と起こさないために、我々の持つすべての資源を費やす必要がある。

- It's important to expend energy wisely to avoid burnout.
  枯渇を回避するためにエネルギーを賢く利用することが重要です。

▶ use「使う」 カジュアル・フォーマル

用法① useは他動詞で「使う」という意味の最も一般的な語

物質的な物（例：use toolsなど）**の他に、**use what I have learned（私が学んできたことを使う）や use words（言葉を使う）など、**物質的ではない抽象的なものを目的語に置くこともできる。**履歴書で次のような使い方をすることも多い。I'd like to use my experience in... to contribute to this company.（御社に貢献するために、私の〜という経験を生かしたいです）

自動詞として使うと、「麻薬を使う」という意味になるので注意！

▶ spend「費やす」 カジュアル・フォーマル

用法① spendは「費やす」という意味

自動詞のspendは「お金を費やす」という意味。例えばHow much did you spend on that dress?(そのドレスにいくら使ったの?)という質問文は、明らかに「お金」が目的語だが、それが明確なのでわざわざmoneyを言わないでも良い。

用法② spendは抽象的なものが目的語にくる(物質的なものは目的語にならない)

spendは**お金の他、resourcesやtimeを目的語にして使う場合が多い**。useと異なり、「(物質的な)ものを使う、費やす」という場合には使えない。**物質的なものを使う場合は、useやemployを使う。**

▶ employ「用いる、使用する、～に費やす」 ややフォーマル

用法① employは「用いる、使用する」という使い方がある

employは「雇う」という意味が最もよく知られているが、**「用いる、使用する」という意味でも使う。**employ workers(従業員を雇う)は「雇う」という言葉が訳には適切だが、イメージとしてはつまり「人を使って何かものを作る、またはサービスを提供する」ということで、それを「雇う」という語で表現している。そう考えると、employ timeは「何かのために時間を使う」という意味になることがわかりやすい。

またspend time doing nothingとは言えるがemploy time doing nothingという表現はない。つまり、目的があって時間を使うときだけemployを使う。

用法② employ resources(リソースを使う)はビジネス表現として押さえよう

コンサルティング用語でemploy resources(リソースを使用する)という表現を使うことが多い。

例：The company could lower operating costs by employing resources more efficiently.(その企業は、リソースをより効率的に使うことで運用コストを削減できるだろう)

▶ expend「広げる、拡大する」 ややフォーマル

用法① expendは、ニュースやフォーマルな場面で頻出の語

ニュースやその他のフォーマル場面でよく使う語。例：expend a portion of the national budget on defense(国家予算の一部を国防費にあてる)

用法② ビジネスシーンで「経費、費用」と言うときはcostよりexpenseを使うと良い

例：The company will reimburse you for your expenses on your business trip.(その会社は、出張費を払い戻してくれるだろう)

ほかの表現

- utilize「利用(活用)する」
  He utilized his time well to finish several projects in a short period of time.(彼は短期間でいくつかのプロジェクトを完了させるため、時間をうまく活用した)

077

歩く

vocabulary	イメージ
walk	一般的な歩く
stroll	ゆっくり歩く・散歩する
meander	ぶらぶら歩く
wander	さまよう

違いがわかる例文

- Most children in Japan walk to school.
  ほとんどの日本の子ども達は歩いて学校に行きます。

- We strolled around the park and looked at the flowers.
  私たちは公園を散策しながら、花を見て回りました。

- The river meandered gently through the plains.
  その川はゆっくりと曲がりながら平野に流れた。

- He wandered around Europe for a bit between graduating from high school and going back to university.
  彼は高校を卒業して少ししてから大学に戻るまでの間にヨーロッパをぶらぶら歩き回っていた。

▶ walk 「歩く」 ややカジュアル

用法① walkは「歩く」という意味の一般的な語
walkだけで「**歩き方**」**までは伝わらない**ため、副詞と一緒に使い、walk fast（速く歩く）、walk slowly（ゆっくり歩く）、walk casually（何気なく歩く）のように使う。
用法② walk+［前置詞］で様々な意味になる
walk outまたはwalk awayで「立ち去る」「別れる」という意味。walk outは文脈によって「ストライキする」という意味にもなる。
用法③ walkは他動詞として使うこともある
例：walk the dog（犬を散歩させる）、walk the streets（路頭に迷う）

▶ stroll 「ゆっくり歩く」 ややカジュアル

用法① strollは「ゆっくり歩く、散歩する」という意味

「ゆっくり」歩いているという歩き方を強調したいときに使う。そのため、副詞fastと一緒に使うことはない。

用法② 自動詞としても他動詞としても使える

自動詞として使うときは、<u>stroll</u> aroundと使うことが多い。他動詞として使うときは<u>stroll</u> the city streets（街を散歩する）のように使う。「ゆっくり歩く」ことを表す語であるため、目的地を強調したい場合に使うのは不自然。もし目的地を入れて使う場合、<u>stroll</u> on over to...「〜へ（あちこちを散歩しながら）行く」というニュアンスになる。

▶ meander 「ぶらぶら歩く」 カジュアル・フォーマル

用法① meander among...「〜をくねくね歩く」という意味

meander は「曲がりくねって流れる」という意味。meander among...「〜をくねくね歩く」という意味から<u>meander</u> among the crowd（人混みをかき分けて歩く）のように使う。

用法② meander through...で「（川や道を）曲がりくねって進む」と使うこともある

用法①の他、川や道を「曲がりくねって進む、流れる」という意味で使うこともある。

例：The path <u>meandered</u> through the woods.（その小道は森を曲がりくねって進んでいた）

用法③ 「（目的地に着くまでに）あちこちあてもなく、さまよう」意味もある

「目的地に向かうまでに、あちこちさまよう」という意味もあり、<u>meandered</u> this way and that until we finally reached our destination（目的地に最終的に到着するまでの間、この道やあの道をさまよっていた）のように使う。イメージとして、一直線に歩くのではなく、左右に行ったり来たりしてようやく到着したというニュアンス。

▶ wander 「歩き回る、さまよう」 カジュアル・フォーマル

用法① 「あてもなく歩き回る、さまよう、迷い込む」という意味

wander は「あてもなく歩き回る・迷い込む」という意味で、旅行先で散歩するときによく使う語。目的地を気にせず、街の雰囲気を楽しんでぶらぶらするときに使う。

例：We <u>wandered</u> the streets of Rome after dinner.（私たちは、夕食のあとローマの道をぶらぶらした）

用法② wanderは他動詞・自動詞のいずれとしても使える

自動詞として使うときは、wander around... と使うことが多い。

例：We <u>wandered around</u> the streets of Rome.（私たちは、ローマの道をさまよった）

COLUMN

● 回遊式庭園（通訳案内士の現場から）

日本の大名庭園は国内外からも高い評価を得ていることが多いです。広大な敷地の中央に池があり、周りに様々な木や花が植えられ、人々は庭園を回遊して楽しみます。この形式の庭園は回遊式庭園と呼ばれ、英語ではstrolling gardenと言います。有名なものには、三名園として名高い、水戸の偕楽園、金沢の兼六園、岡山の後楽園があります。

078 育てる

	vocabulary	相性の良い目的語
カジュアル↑	**grow**	vegetables「野菜」、plants「植物」、hair「髪」、a business「ビジネス」、a customer base「顧客基盤」
カジュアル フォーマル いずれも	**raise**	children「子ども」、farm animals「家畜」、awareness「意識」、money「お金」など
	nurture	children「子ども」、employees「従業員」、students「生徒」、ideas「アイデア」、creativity「創造性」など
↓フォーマル	**foster**	人か動物（親や元の飼い主の代わりに育てるの意味）、genius「天才」、good habits「良い習慣」、creativity「創造性」など

違いがわかる例文

- I **grow** a variety of vegetables in my yard.
  私は畑でたくさんの野菜を育てています。

- The politician is already **raising** funds for his next campaign.
  その政治家は既に次のキャンペーンに向けて資金を調達している。

- The teacher **nurtured** a love of language in her students.
  その教師は、彼女の生徒たちに対し言語への愛を育んだ。

- The company strives to offer an environment that **fosters** creativity.
  その企業は想像性を育む環境を提供するために努力している。

▶ grow「育てる」 ややカジュアル

用法① 他動詞としても自動詞としても使える

childrenを使う場合は用法に注意。主語としてChildren grow (up)...と使うことが多いが、childrenは他動詞growの目的語にはならない。一方で、vegetablesは主語でも他動詞の目的語でも良い。例：We grow vegetables. / Vegetables grow here.

用法② growは「（発展を）育成させる、拡大させる」という意味もある

目的語がbusinessなどで「拡大させる、育成させる」という意味にもなる。

例：We grew our business through online sales campaigns.（私たちは、オンラインキャンペーンでビジネスを拡大させた）

用法③ 「[人が]育つ」という自動詞の場合、grow upを使う

例えば、Where are you from?（ご出身はどちらですか）と聞かれたときに、出身ではなくI grew up in ...（私は〜で育ちました）と回答しても良いだろう。

▶ raise「育てる、飼育する」 カジュアル・フォーマル

用法① raiseは「子どもや動物・家畜を育てる」という意味で使うことが多い

raise は通常、「上げる」という意味があるが、その他に**「育てる、飼育する」という意味がある**。raise chickens（鶏を飼育する）のように家畜を飼育するときや raise a child（子どもを育てる）のように子どもを育てるときにも使う。

例：It's difficult to raise children in NYC.（ニューヨークで子どもを育てるのは難しい）
子どもから大人のレベルまで「上げる」イメージから raise a child で「子どもを育てる」。

用法② よく使う語の組み合わせを覚えておこう

raise awareness（意識を啓発する）、raise an issue（問題を提起する）の他、ビジネスシーンで raise funds（資金を集める）という語の組み合わせで使うことも多い。

▶ nurture「養育する、育てる」 ややフォーマル

用法① nurtureは「栄養を与える」という意味

nurture は「栄養を与える」という意味であるため、food that nurtures the body and soul（心身ともに栄養を与える食べ物）のように使う。例えば、raise a child ではななく nurture a child と言うと「大切に育てる」ニュアンスをよりはっきり伝えることができる。

用法② nurture+[抽象名詞]という使い方も多い

nurture friendship（友情を育む）や nurture ideas（アイデアを育てる）は必要とする「栄養」を与えて「育てる」イメージを持つと意味を理解しやすい。

▶ foster「養育する」 ややフォーマル

用法① fosterは「実子ではない子を実子のように育てる」という意味

形容詞のfosterを使って foster child と言うと「親がいない子ども（里子）」という意味。そこから foster an orphan（孤児を育てる）、foster a dog（主人のいない犬を育てる）のように使う。**foster は adopt と異なり、ある一定の期間だけ世話をするときに使う。**

用法② foster+[抽象名詞]で「[抽象名詞]を育成する、促進する」

foster good habits は「良い生活習慣が自然と身につくように環境などを準備する」という意味。

ほかの表現

- cultivate「養う、磨く、育てる」
  The after-school program is designed to cultivate in children an interest in math and science.（その放課後プログラムは、数学と科学に対する児童の興味関心の育成の場と位置づけられています）

vocabulary	相性の良い目的語
carry	a baby「赤子（を抱く）」、a heavy workload「負担の多い作業量」など
bear	a load「負荷」、a baby「赤子（を産む）」、a burden「負担」、responsibility「責任」など
shoulder	ネガティブ a load「負担」、a burden「負担」、responsibility「責任」
take on, undertake	ポジティブ responsibility「責任」、a task「仕事」

違いがわかる例文

- You seem to be **carrying** a heavy workload. Can I assist you in some way?
  かなりの作業量を背負っているようですね。どうにかお手伝いできないでしょうか。

- I'm afraid I **bear** responsibility for the project's collapse.
  もしかしてこのプロジェクトの失敗の責任を負わなければいけないのだろうか。

- Single parents **shoulder** the burden of childcare on their own.
  1人親は子どもを養育する苦労を自分1人で背負っている。

- I'm not sure I can **undertake** this task; I've got too much on my plate right now.
  この業務を請け負えるか自信ありません。今かなりの業務量を抱えているので。

▶ carry「運ぶ」 カジュアル・フォーマル

用法① carryは「（ある物を）1つの場所からもう1つの場所へ運ぶ」という意味
ただし、carry a babyというと「赤ちゃんを抱っこして歩く」という意味だけではなく「妊娠している」という意味になることもあるので文脈で判断すること。carry a baby は「（お腹の中で）1つの場所からもう1つの場所へ行く」イメージ。
用法② carry the weight of the world on one's shouldersで「すべての責任を背負う」というイディオム
例：You don't have to carry the weight of the world on your shoulders.（すべての責任を自分ひとりで背負い込む必要はない）

▶ bear 「耐える、負う」 ややフォーマル

用法① bearは「かなり重い責任を負う」という意味
bear は carry よりも重い責任を負うニュアンスがあるため、bear responsibility は carry responsibility よりも「重い責任を担う」という意味。また、**負いたくないにもかかわらず責任を負う、つまり意思にかかわらず責任を負うニュアンス**がある。失敗などの責任を負うときに使う。さらに、bearは否定文で「耐えられない」という意味。I can't bear the grief. や I can't bear the sadness.（その悲しみに耐えられない）と使う。grin and bear it（［困難や苦痛を］じっと我慢して受け入れる）というイディオムもよく使う。

用法② bearはネガティブなイメージが強い
bear a stigma（汚名を背負う）や bear a bad reputation（悪い噂を負う）のように「重い恥を負う」というネガティブな使い方もある。bearの代わりにcarryを使うこともできるが、**bearを使うときはネガティブなイメージが強い**。

▶ shoulder 「担う、背負う」 ややフォーマル

用法① shoulder responsibilityと使うことが多い
shoulderの目的語は通常、responsibility（責任）がくることが多い。responsibility のような抽象名詞がくることが多いため、「カバンを持つ」のように、物質的な物を目的語にしたいときは、shoulder よりも carry a bag over the shoulder とするほうが一般的。

用法② shoulderは「自分の意思で責任を取る」ときに使う
I'll shoulder the blame for the project's failure.（プロジェクト失敗の責任は私が取ります）のように**自分の意思で責任を取ることを表すときに shoulder は最適**な語。一方で、意思にかかわらず、「責任を負ってしまった（負っている）」場合はbearを使って、I bear the blame for the project's failure. とするのが良い。

▶ take on, undertake 「引き受ける、負う」 ややフォーマル

用法① take onやundertakeは「積極的に仕事をする」ニュアンス
carry や bearと異なり、**自分の手で取って、自分の意志で「仕事をする」ニュアンスが伝わる**。take on a burden は、carry[bear] a burdenよりも「自分の意思で」責任を負うというニュアンスが最も強い。そのため、「業務を請ける」はcarry[bear] a taskとは言わないが、take on[undertake] a taskと言うのが自然。またshoulderと異なり、take on blameのようなネガティブな使い方はない。

ほかの表現

- tackle「取り組む」
  It's going to take a team effort to tackle all these challenges.（このすべての課題に取り組むためには、チームの努力が必要になります）

vocabulary	イメージ
put in order	文字・数字を整える、考え方を整理する
sort	分類する、(sort outで)計画や考えを整理する
organize	ものを整理する、旅行・パーティを計画する、組織する
arrange	(arrange byで)ものを整理する、計画・スケジュールを調整する

違いがわかる例文

- I need to **put** my finances **in order** before purchasing a home.
  家を購入する前に、資金管理の優先順位をつける必要があります。

- I'm sure we'll **sort** this mess out some way or other.
  何とかしてこの混乱を整理してみせます。

- The teacher is **organizing** a school trip to Kyoto now.
  先生が今、京都への修学旅行の計画を立てています。

- Let me see if I can **arrange** my schedule to meet you next Monday.
  来週の月曜日にあなたに会うために、スケジュールを調整できるかどうか確認させてください。

▶ put in order「整える」 ややカジュアル

用法① put+ [名詞] +in orderで「[名詞]を整える」という意味
put things in alphabetical[numerical] orderで「文字・数字の順番で並べる」、put things in orderで「片づける」という意味。ここでの「片づけ」はいわゆる遺品整理のこと。

例：After our grandfather passed away, I had to return home to put things in order.
（祖父が亡くなったあと、私は遺品整理のために家に戻らねばならなかった）

put plans in orderで「計画を立てる」もよく使われる表現。
用法② put+ [名詞] +in orderの [名詞] は「物」だけでなく「こと」がくることもある
「考え方を整理する」は put my thoughts in order(＝organize my thoughts) と言う。

例：Let me take time to put my thoughts in order before I respond to this email.（このメールに返信する前に、私の考えを整理する時間をください）

▶ sort「分類する」 ややカジュアル

用法① sortは「分類する」という意味

動詞sortは「分類する」で名詞も「分類」という意味。sort socksと言うと「たくさんの靴下をペアにする」という意味。

用法② sort outで「整理する」という意味

<u>sort out</u> my plans（私の計画を整理する）や<u>sort out</u> my thoughts（考えを整理する）は、それぞれput plans in orderとput my thoughts in orderと似たニュアンス。

▶️ organize「体系づける、まとめる」 カジュアル・フォーマル

用法① organizeは物質的な「物」だけでなく「こと」を「整理する」ときにも使える

物質的な物を整理する場合、<u>organize</u> things on my desk（机の上のものを整理する）のように使う。**「物」だけでなく、「こと」にも使うことができる。**<u>organize</u> a trip（旅行を計画する）や<u>organize</u> a party（パーティーを計画する）と「計画を立てる」という意味で使ったり、<u>organize</u> my thoughts（自分の考えを整理する）のように使ったりする。

用法② 自動詞で「組織する」という意味も

laborersやworkersを主語にして、「労働組合をつくる（組織する）」という意味もある。

▶️ arrange「整とんする、順序立てる」 カジュアル・フォーマル

用法① 物質的な「物」を整理するときはarrange by...「〜によって整理する」を使う

arrange my closet（クローゼットを整理する）と使うことが非常に多い。また、organizeと少しニュアンスが異なり、「何かによって整理する」というイメージ。例えば、arrange by...「〜によって整理する」という意味で使うことが多い。<u>arrange</u> my closet <u>by</u> color（色によってクローゼットを整理する）は赤、オレンジ、黄色などの色分けをして服を整理するというニュアンス。

用法② arrangeは「計画やスケジュールを調整する」ときにもよく使う

<u>arrange</u> plans（計画を調整する）、<u>arrange</u> a schedule（スケジュールを調整する）という使い方も非常に多い。他の人に会うために他の予定を調整するときはarrange a scheduleを使うことが多い。

用法③ arrangeは物質的な「物」だけでなく「こと」を「整理する」ときにも使える

organize my thoughtsと同じように、「考えを整理する」という意味で<u>arrange</u> my thoughtsという言い方がある。さらに言うと、<u>arrange</u> my thoughts on paper（紙に書いて考えを整理する）のような使い方が特に多い。

例：I write in a diary to <u>arrange my thoughts</u>.（自身の考えを整理するために日記をつける）

ほかの表現

- marshal「（考えや事実を）整理する」
  We need to marshal all the elements first before making a decision.（決断する前にまずはすべての要素を整理しないと）

確認する

	vocabulary	イメージ
カジュアル	check	質や様子、正しさを見て、確認する
やや フォーマル	confirm	正しいと思っていることを確かめる
	verify	事実であるかどうか証拠を尋ねる
フォーマル	corroborate	法廷などで証拠を使って確かめる

違いがわかる例文

- Let me **check** my calendar and get back to you on dates.
  カレンダーを確認させてね。そのあとで日程をお知らせするわ。

- I can **confirm** that this product is ready to be shipped.
  この商品が輸送できる状態かどうか確認できます。

- You'll need to **verify** your identity with a driver's license or passport.
  運転免許証かパスポートで本人確認をする必要があります。

- The evidence **corroborates** the victim's account of events.
  その証拠が被害者の説明を裏づけている。

▶ check「確認する」 ややカジュアル

用法① 特に下記のような句動詞として使うことが多い

check on...「〜の進捗を確かめる」 **例**：check on his progress（彼の進捗を確かめる）

check for...「（何かがないかどうか）を調べる」 **例**：check for defects（欠陥がないか調べる）

check into...「〜を調べる」 **例**：check into his claims（彼の主張を調べる）

check out...「〜を調べる」「チェックアウトする」 **例**：check out a woman（[文脈により]
彼女の背景などを調べる）または（見て美しいと思う）、check out（[ホテルなどから] チェックア
ウトする） * check inは「チェックインする」。

用法② 他動詞のcheckは「物事を見て、質や様子、適正などを確認する」という意味

Can you meet on Monday morning?（月曜の朝に会える?）という質問の返答として、Let
me check my schedule.（予定を確認させて）というフレーズをよく使う。そのときのcheckの
ように他動詞として使うこともできる。

用法③ checkの特別な意味

checkは「コートや荷物をホテルなどで預ける」場合にも使える。

▶ confirm 「確かめる、裏づける」 ややフォーマル

用法① confirmは「正しいと思う物・ことを最終的に正しいか判断する」ニュアンス

例えば、Please <u>confirm</u> your attendance at the meeting tomorrow.（明日の会議への出席を確認してください）はすでに出席することは決まっているが**最終的に確かめる、というニュアンス**がある。

用法② 他人が何か言ったあとに、confirmを使って「証明できる」

他人が何か言ったあとにI can <u>confirm</u> that what he said is true.（彼が言ったことは真実だと証明できる）のように使うことが多い。

▶ verify 「証明する、実証する」 フォーマル

用法① verifyは「本当に正しいかどうかまだわからないものを（証拠などによって）確かめる」ときに使う

Are you able to <u>verify</u> the authenticity of these records?（これらの記録の信ぴょう性を証明できますか?）は、**「本当に証拠があるのか」と疑うニュアンスが伝わる**。confirm は、正しいかどうかを聞くより最終的に正しいかどうか判断してもらいたいとき使うので、Are you able to confirm...?と言うよりもPlease confirm...と使うことが多い。

用法② verifyとconfirmは同じような使い方がある

例えばI can <u>verify</u> what he said.（彼が言ったことが正しいと証明できる）と言うと、confirmの用例②と同じように「彼は正しいです。**私もそれを証明できます」というニュアンス**がある。

▶ corroborate 「確証する」 フォーマル

用法① corroborateは、法律で使うことが多い語

例：We are looking for witnesses to <u>corroborate</u> his account of the events.（我々は、その事件についての彼の説明を確証できる目撃者を探している）

用法② corroboratingで形容詞として使うことが多い

例：<u>corroborating</u> evidence（裏付ける証拠）

ほかの表現

- affirm「（〜が本当であることを）確認する」
  The international community affirmed the right to family planning.（国際社会は家族計画の権利を確認しました）
- identify「（本物・本人であることを）確認する」
  The police worked quickly to identify the victim.（警察は被害者の身元の確認を急いだ）

082

失敗する

fall short
目標の目の前で落ちる
達成しない

go up in smoke
（煙のように）はかなく消える

落ちて
なくなる程度
普通

come to nothing
台なしになる
結局何もないものとなる

fail
失敗する、倒産する、落ちる

落ちて
なくなる程度
強

違いがわかる例文

- The team **fell short** of winning the state championship, but it was a good season overall.
  チームは州の選手権では優勝を逃したが、総じて良いシーズンだった。

- All that work **came to nothing** when the company decided to cancel the project.
  会社がそのプロジェクトのキャンセルを決定したので、これまでの業務がすべて無駄になった。

- My parents threatened to stop supporting me financially if I **failed** out of college.
  両親は、もし私が大学を中退したら仕送りをやめると脅した。

- All his dreams **went up in smoke** when his wife walked out on him.
  彼の夢は、妻が出て行ったときにはかなく消えた。

▶ fall short 「〜に達しない」 カジュアル・フォーマル

用法① fall shortは「（目標など）に達しない、届かない、満たしていない」という意味
fall short of expectations（期待に達しない）、fall short of achieving my dreams（夢を叶えるまでに届かない）のように、**fall short of +[名詞]** で「[名詞] に達しない、届かない」という形で使うことも多い。
用法② fall shortはカジュアルな日常会話からニュースまで幅広く使える
経済ニュースでは、Third-quarter earnings fell short of expectations.（第3四半期の売上は、予想を下回った）のように使う。

▶ come to nothing 「台なしになる、水の泡だ」 カジュアル・フォーマル

用法① 「台なしになる、水の泡だ」という意味で悪いことにも良いことにも使える

come to nothingは文字どおり、**「何もないものになる」**という意味で**「台なしになる、水の泡になる」**などの訳がよく当てられる。ただし、ネガティブなことだけではなく、My fears <u>came to nothing</u>.（私の心配はまったく無駄だった）のように、心配事が結果的に問題ではなかったのようにポジティブな場合にも使える。

▶ fail「失敗する、しくじる」 カジュアル・フォーマル

用法① 他動詞のfailを使ってfail a test（試験に落ちる）がよく使われる
アメリカの学校の成績も通常、A〜Fで評価され、F=FailまたはFlunkという意味。
例：I <u>failed out of</u> university.（悪い成績で大学を卒業できなかった）
用法② fail in...とfail at...の使い分けに注意
前置詞のあとにbusinessがくる場合、fail at businessより**fail in business**を使う。前置詞のあとにworkがくる場合、fail in workより**fail at work**が多い。fail in businessは、「ビジネスという大きなもの全体の中で」落ちた（失敗した）イメージからinを使い、fail at workは「（特定の）仕事や職場で」落ちた（失敗した）ニュアンスでatを使うのが自然。
用法① fail +[to不定詞]で「〜することができなかった」
<u>fail to</u> achieve/<u>fail to</u> reachで「達成することができない」という意味。「否定」の意味があるので、never fail to...は二重否定で「必ず〜する」という意味になる。
例：English <u>never fails to</u> amuse me.（英語は必ず私を楽しませてくれる）

▶ go up in smoke「はかなく消える」 カジュアル・フォーマル

用法① go up in smokeは「（煙のように）はかなく消える」という意味
単なる失敗ではなく、**「積み重ねてきたものが燃えて煙になる、そこに向かう道は閉ざされてしまったように跡形もなく消える」**ニュアンス。
用法② 目に見えないものと一緒に使うことが多い
My dreams <u>went up in smoke</u>.（夢は消えた）のようにplans（計画）やdreams（夢）、company（会社）など**目に見えないもの（概念など）**と一緒に使うことが多い。物質的なものに使うときは、「本当に燃えてしまった」という意味。
例：The house <u>went up in smoke</u>.（家が全焼した）

COLUMN

- **覆水盆に返らず**
「失敗しても元に戻らないよ」という意味の慣用表現をご紹介します。
- **Don't cry over spilt milk.「こぼしたミルクを嘆いても始まらない」**
→覆水盆に返らず。
- **What is done cannot be undone.「やったことをなかったことにはできない」**
→後悔先に立たず。
- **That's water under the bridge.「それは橋の下の水だ」**→過ぎたことは過ぎたこと。

違いがわかる例文

- When I happened to run into my ex-boyfriend at the supermarket, I was surprised to see he was wearing a wedding ring.
  スーパーマーケットで元カレにばったり会ったとき、彼が結婚指輪をしてたからびっくりしたわ。
- Let's meet at the restaurant around 6 p.m.
  6時頃レストランで会いましょう。
- More than 50 volunteers came together to serve meals at the food bank.
  50人以上のボランティアが、フードバンクで食料を支給するために集まった。
- A crowd assembled in the gymnasium to listen to the political candidate's speech.
  政治家候補のスピーチを聞くために、聴衆は体育館に集合した。

▶ run into「偶然〜に会う」 カジュアル

用法① run into...「〜に偶然、会う」という意味で、カジュアルな場面で使う句動詞
しばらく会っていない友達に偶然、道で会ったときには次のように使える。

例：I'm so glad to have run into you today! It's been too long.（今日は会えてとても嬉しいよ！　すごく久しぶり！）

用法② run into...「〜にぶつかる」「〜に駆け込む」という意味もある

例：The firefighter ran into the burning building to save the cat.（消防士は、ネコを助けるために燃えているビルに駆け込んだ）

The car ran into the mailbox.（車が郵便ポストにぶつかった）

▶ meet 「会う」 カジュアル・フォーマル

用法① meetは予定して会うときも、偶然会うときも使える、「会う」という意味の語
カジュアルな日常会話でもビジネスシーンでも使える語。自動詞でも他動詞でも使える。

例：I can <u>meet</u> Thursday morning next week. How about you?(来週木曜日の朝に会えます。いかがでしょうか)

用法② meetはニュースやフォーマルなシーンでは「集合する」という意味でも使う

例：The world leaders <u>met</u> in Paris to discuss climate change.(気候変動について議論するために、世界のリーダーたちはパリで集結した)

▶ come together 「集まる」 カジュアル・フォーマル

用法① 3人以上が集合するときに、自動詞として使える
ややカジュアルなシーンで3人以上が集合するときに使える句動詞。

例：The family <u>comes together</u> every year at Christmas.(クリスマスには毎年家族が集まる)

用法② come togetherはフォーマルな文で「団結する」という意味になる

例：Laborers <u>came together</u> to protest poor working conditions.(ひどい労働状況に抗議するため、労働者たちは団結した)

用法③ 〔物・事〕+come togetherで「まとまる」という意味になる

例：I need to wait for my thoughts to <u>come together</u> before making a decision.(決定する前に、私の考えがまとまるのを待つ必要がある)

▶ assemble 「集合する、招集する」 ややフォーマル

用法① assembleは「組み立てる」「集合する」という意味
assemble は元々「組み立てる」という意味の動詞で、assemble a bookshelf(本棚を組み立てる)のように使う。「組み立てる」という意味から **「集合する」という意味もある。**
フォーマルな場面でたくさんの人が集合する場合に assemble を使う。

自動詞の例：Protestors <u>assembled</u> in the park.(公園にデモ参加者が集まった)

他動詞の例：We <u>assembled</u> staff after work.(仕事のあと、私たちは社員を集めた)

COLUMN

• ばったり会う！
今回は「会う」という表現のご紹介でしたが、「ばったり会う」や「偶然会った」という表現を日常生活では何気なく使っているかと思います。ここでは、「偶然に」という表現を紹介します。
• by chance • by accident • by coincidence
是非、今回紹介した「会う」という表現とあわせて使ってみてくださいね！

	vocabulary	相性の良い目的語
カジュアル ↑	**gather**	・人、物 ・抽象的な名詞（例：thoughts）
カジュアル フォーマル いずれも ●	**amass**	・物事（特にdebt, money） ＊collectより多くのものが集まる
	collect	・お金、（趣味などでの）物 ・抽象的な名詞（例：memories）
フォーマル ↓	**accumulate**	・物事（例：accumulate wealth over a period of several yearsなど） ＊長期にわたってためる

違いがわかる例文

- Let me **gather** my things and be going.
  荷物をまとめて、さぁ行こう！

- Andrew Carnegie **amassed** a large fortune in the steel industry, retired from business, and established a philanthropic foundation.
  アンドリュー・カーネギーは鉄鋼業で莫大な富を築き、引退後は慈善基金を設立した。

- The school is **collecting** donations of clothes and school supplies for families in need.
  学校では、必要とする家族のために、衣類や学用品などの寄付を集めている。

- Debt is the **accumulated** amount of money owed to creditors.
  負債とは、債権者からの借入の累積額のことです。

▶ gather「かき集める、摘み集める」 ややカジュアル

用法①　他動詞のgatherはカジュアルな語で3人以上の人を「集める」ときに使う

カジュアルな場面で3人以上の人を「集める」場合に使う。

例：gather people for a party at my house（自宅のパーティーに人を集める）

他動詞のgatherは「拾い集める」「摘み集める」という意味で使うことが多い。

例：gather fruits and nuts（フルーツやナッツを集める）

目的語に抽象名詞を置く場合、thoughtsがくることが多い。

例：Please wait a moment for me to gather my thoughts.（少し考えさせてください）

用法②　自動詞gatherの主語には人や埃のような自然と集まったものが多い

例：Dearly beloved, we are <u>gathered</u> here today to join this man and this woman in holy matrimony.（親愛なる皆様、我々は今日ここに、この男女を神聖なる夫婦として結ぶために集められました）

▶ amass「蓄積する、大量に集める」 カジュアル・フォーマル

用法① amassは「大量に蓄積する」という意味
amassの名詞massは「塊」。そこから**amassは「多く蓄積する」という意味。測ることができる量やお金を目的語にすることが多い**（下記の例のように抽象名詞がくることもある）。
例：<u>amass</u> a large fortune（莫大な財産を貯める）、<u>amass</u> a lot of debt（多額の借金を抱える）、<u>amass</u> a reputation（評判を集める）
用法② 自動詞のamassの場合、主語は「大きくなるもの」がくることが多い
自動詞のamassの場合、主語はcloudのように「大きくなるもの」が多い。

▶ collect「集める、収集する」 ややフォーマル

用法① 他動詞collectは「趣味などで物を収集する」という意味が基本
<u>collect</u> stamps（切手を集める）のように「**（趣味などで物を）収集する」という意味で使うことが一般的**。<u>collect</u> memoriesのように、collect＋［抽象名詞］という使い方もある。
例：I've <u>collected</u> so many wonderful memories on this trip.（この旅行で素晴らしい思い出をたくさん集めた）
なお、collect peopleのように目的語に［人］を置くのは不自然で不適切。
用法② 自動詞のcollectの主語には人や埃のような自然と集まったものが多い
例：People <u>collected</u> in groups.（人々がグループになって集まった）
Dust <u>collected</u> on the table.（埃がテーブルの上に集まった）

▶ accumulate「蓄積する、累積する」 フォーマル

用法① accumulateは「長期にわたって蓄積する」という意味
amassと同様、他動詞accumulateの目的語には通常、「測ることができるもの」がくる。
例：<u>accumulate</u> a fortune over time（時間とともに財産を蓄積する）、<u>accumulate</u> a score（スコアを蓄積する）
用法② 自動詞のaccumulateを使うと、主語が「自然に集まって固まる」ニュアンス
例：Debt <u>accumulates</u> over time.（時間とともに借金が蓄積する）、Snow <u>accumulated</u> on the ground.（雪が地面に積もった）

ほかの表現

- congregate「集まる、群集する」
A large crowd congregated at the Imperial Palace to hear the Emperor's New Year's greeting.（たくさんの人々が天皇陛下の新年祝賀のご挨拶を聞くために皇居に集まった）

085 捨てる

trash
捨てる、処分する

toss out
投げ出す、捨て去る

カジュアル

throw away
投げ捨てる

dispose of
廃棄する、処分する

フォーマル

違いがわかる例文

- The last time I let my teenage son stay home alone for a week, he and his friends threw a party and **trashed** the living room.
  前回、私が十代の息子に1週間1人で留守番をさせたとき、彼とその友達はパーティーを開いて、リビングをめちゃくちゃにしました。

- I try to compost food waste instead of **throwing** it **away**.
  私は生ごみを捨てる代わりに、なるべく堆肥にしようとしています。

- This cheese is past its expiration date. Should we **toss** it **out**, or do you think we can still eat it?
  このチーズ、賞味期限が切れてるね。捨てたほうがいいかな? それともまだ食べられると思う?

- Sharps and other hazardous materials must be **disposed of** according to strict protocols.
  鋭利なものや、その他の危険な道具は、厳格な手続きに則って処分されるべきです。

▶ **trash** 「捨てる、処分する」 カジュアル

用法① trashは名詞で「ゴミ」の意味
名詞のtrashは「ゴミ」の意味。アメリカではtrash canまたはgarbage canで「ゴミ箱」(その他、dust binやdust boxという言い方もある)。take out the trashで「道でゴミを捨てる」という意味。また、throwとtossを使って、throw this in the trashや toss this in the trash「これをゴミ箱に捨てる」という表現もよく使う。
用法② 他動詞の trashは「〜をめちゃくちゃにする」という意味
trashを他動詞として使って、trash the room(部屋をめちゃくちゃにする)、trash the yard(庭をめちゃくちゃにする)のような使い方もある。**「荒らす」「めちゃくちゃにする」イメージ**。

186

▶ throw away 「投げ捨てる」 ややカジュアル

用法① throw awayは「ゴミを捨てる」という意味で使う一般的な語
一般的にゴミを捨てるとき、throw this away(これを捨てる)のように使う。句動詞である
ため、目的語が代名詞の場合、throwとawayの間に代名詞（ここではthis）を置くこと
に注意。
用法② throw awayは「機会・チャンスを愚かにも捨てる」という意味でも使える
throw away opportunity(愚かにも機会を見逃す)やthrow a chance away(愚かにもチャン
スを棒に振る)のように使うこともできる。throw everything awayやthrow it all awayは
「すべて捨てて、愚かなことをする」というニュアンス。

▶ toss out 「投げ出す、捨て去る」 カジュアル・フォーマル

用法① toss outは「投げ出す、(軽く)捨て去る」という意味
tossの「軽く投げる」という意味と「外に出す」イメージから、**toss out**で**「(軽く) 投
げ出す、捨て去る」**という意味。
用法② toss outは「(アイデアなどを)軽く提示・提案する」という意味もある
toss out ideasと言うと「アイデアを(軽く)提示する」。例えば会議中にアイデアを軽く投
げるニュアンス。
用法③ toss outを使った特別な使い方も覚えておこう
例：toss a person out([バーから]追い払う)、([ゲームから]退場させる)
法廷で、toss the evidence out(その証拠を否定(棄却)する)という表現もよく使われる。

▶ dispose of 「廃棄する、処分する」 ややフォーマル

用法① dispose of...で「〜を処分する、廃棄する」という意味
名詞のdisposerは「ディスポーザー、生ごみ処理機」という意味であることからもわか
るように、**dispose of**で**「〜を処分して捨てる」**という意味。単にゴミ箱に捨てるという
より、**「処分する」**ニュアンスが伝わる。
用法② dispose ofは「処理する」という意味もある
dispose of assets(資産を譲渡する[整理する])、dispose of a question(問題を処理する)と
いう組み合わせも覚えておくと便利。

> **ほかの表現**
>
> • discard「処分する」
>   It's time to discard the ideas that hold us back from achieving our dreams. (私たちの
>   夢の実現を妨げるような考えを捨て去る時期にきています)

086 議論する・語る

get into
〜について話し始める

deliberate
熟考のうえ、議論する

カジュアル

cover,
go over
最初から最後まで話す

discuss
議論する

フォーマル

違いがわかる例文

- My friend and I **got into** a conversation about our favorite books last night.
  昨晩、友達と大好きな本について**話し始めた**。

- My Japanese history professor said he was going to **cover** the entire Meiji Restoration in one lecture, but that doesn't seem like enough time.
  日本史の教授は明治維新全体を一つの講義の中で**網羅する**とおっしゃっていましたが、それでも不十分なようです。

- I'm too tired to **discuss** this now; let's talk in the morning.
  それを今**議論する**には疲れすぎてるから、明日の朝、話しましょう。

- The jury **deliberated** for several days before reaching a verdict.
  その陪審員は評決に達するまでに数日かけて**熟考した**。

▶ get into「話し始める」 ややカジュアル

用法① get into...「〜について話し始める」という意味
「〜について話し始める」という意味のget into...は、**友達同士や親しい同僚との間でカジュアルな会話をするときに使う**。否定文として使うことも多い。
例：We don't need to <u>get into</u> politics over dinner.（夕食中に政治の話をしないほうがいい）
上記の例文では、政治について話さないほうが良いでしょうというニュアンスが伝わる。

▶ cover, go over「最初から最後まで話す」 カジュアル・フォーマル

用法①「ある話題について最初から最後まで話す、書く」という意味
coverは「（物質的なものを）かぶせる」という意味があり、go overも「乗り越える」という似た意味がある。例えば、cover[go over] a topicはいずれも**「ある話題について、最初から最後まで話す・書く」**という意味。

発表の際に I don't have enough time to <u>cover</u> the project in detail today, but I <u>get into</u> it some in my book.（今日はプロジェクトの詳細をすべてお話する時間をありませんが、私の著書の中で少しお話しています）のように使える。

▶ discuss「話し合う、議論する」 ややフォーマル

用法① discuss+[目的語]で「〜について議論する」という意味

discuss about/on... のように前置詞をつけず、**discuss... で「〜について議論する」という意味がある**ことを覚えておこう。

例：Let's <u>discuss</u> the project at the next meeting.（次のミーティングでそのプロジェクトについて話しましょう）

相手も話す内容（目的語）がわかっている場合は、Let's discuss at the next meeting. のように目的語を省いても問題ない。

▶ deliberate「議論する」 フォーマル

用法① 自動詞・他動詞としてのdeliberateは「**慎重に〜について考える、〜について議論する**」という意味

法廷で、The jury <u>deliberated</u> before reaching a final verdict.（陪審員は最終評決に達する前に審議しました）と使われることが多い。また、We <u>deliberated</u> the question before reaching a decision.（決定をくだす前に、私たちはその疑問については議論した）などのように**discussよりもフォーマルな場面で使う。**

COLUMN

• aboutの有無について議論しよう

高校の英文法の時間で、筆者がとても苦労したもののひとつに動詞と前置詞の用法がありました。今回ご紹介したdiscussに悩まされた人も多いのではないでしょうか。

○ We discussed the matter.　× We discussed about the matter.

つまり、discussの後ろにaboutがつくのかつかないのか、という部分についてです。重要なのは、このdiscussという動詞が「自動詞」なのか「他動詞」なのかを見極めることにあります。

• 自動詞…その後に目的語を取ることができない動詞。目的語を取るためには、以下のように、自動詞と名詞の間に関係を表す前置詞が必要になります（一部例外もあり）。

例：I <u>go to</u> school. / I <u>live in</u> Tokyo.

• 他動詞…そのあとに必ず目的語を取る動詞。その目的語（名詞）は動詞と直接関係しているので、他動詞と目的語の間には、関係を表す前置詞は不要となります。

例：Let's <u>discuss</u> the matter. / She <u>married</u> him. / I will <u>consider</u> this.

本書では動詞と相性の良い前置詞や目的語を紹介しているので、是非楽しく使ってみてください！

think
考える

wonder
不思議に思う

カジュアル

consider
熟考する

ponder
思案する

フォーマル

違いがわかる例文

- I wish I'd **thought** to bring the book with me this morning; I'd love to show it to you.
  今朝、本も持ってくることを思いつけばよかったなぁ…あなたに是非お見せしたかったのよ。

- I no longer **consider** him worthy of respect after what he said last night.
  昨晩の彼の発言から、私はもはや彼は尊敬に値しないと思っています。

- I **wonder** why he stopped calling all of a sudden.
  どうして彼が突然、電話をしてこなくなったのか**不思議**なのよね。

- I'm still **pondering** what to do. I'll get back to you when I make a decision.
  どうすべきかまだ思案中です。決まったらまた連絡しますね。

▶ think「考える」 ややカジュアル

用法① thinkは間接話法でよく使う語

例：He <u>thought (that)</u> he wanted to go to Australia.（彼はオーストラリアに行きたいと思っていた）

用法② think of/about/on...の違いを覚えておこう

I just <u>thought of</u> a good idea.（いいアイデアがちょうど浮かんだ）のように、think of... は「〜を思いつく」という意味。think aboutは一番よく使われる前置詞の組み合わせで、Let me <u>think about</u> it before I make a decision. のように使う。
think onは think on a decision（決断）のように「フォーカスして考える」という意味。

用法③ think+ [to不定詞] は過去形で使うことが多い

例：I'm glad I <u>thought to bring</u> an umbrella.（傘を持ってきてよかったです）

▶ consider「熟考する」 カジュアル・フォーマル

用法① considerは「考慮する、熟考する」という意味

consider は **why や whether、how のような疑問詞と一緒に使うことが多い。**

例：Consider whether you can really do this.（これが本当にできるのかどうかよく考えなさい）

用法② consider+［物・人］+to be+［形容詞・名詞］で「［物・人］を［形容詞・名詞］と考える」という使い方も覚えておこう

to be は省略可能。**例**：I consider him (to be) my friend.（私は、彼を友達だと思っている）

用法③ consider+［動名詞 (-ing形)］で「〜をやるかどうかを検討する」という意味

例：I'm considering moving to Australia.（オーストラリアに引っ越すかどうか迷っています）

用法④ 自動詞として will consider と使うと「検討する」という意味

自動詞として使う will consider は、**相手から何か強く勧められたときによく使う。**

A: I really think you should look for a new job.（新しい仕事を探すべきだと本当に思うわ）

B: I'll consider.（考えてみるよ）

▶ wonder「不思議に思う」 カジュアル・フォーマル

用法① wonder at...「〜に驚く」、wonder about...「〜について思う」

例：When I was a child, I used to look up and wonder at the stars.（子どものときに、よく空を見て上げて星に驚いたものだ）

wonder about the stars だと「星について考える（星の質は何だろう…など）」という意味。

用法② wonder+［疑問詞］がくることも多い

why や when、how など疑問詞が wonder のあとにくることが多い。その場合、「〜かな」「〜かしら」「〜だろう」のような意味になる。**例**：I wonder why.（なぜでしょうか）

用法③ 会話で使う I wonder. は自動詞で「知らないけど、少し知りたい」

例：A: Who's she going out with?（彼女は誰とデートしているの）B: I wonder.（どうなんだろう）

▶ ponder「思案する」 ややフォーマル

用法① ponder は「熟考する、思案する」という意味で、通常、他動詞として使う

I'm pondering what I should do.（何をすべきか思案している）のように、迷っているときによく使う。また、自動詞として、pondering over the decision（その決定について思案している）のように使うこともある。

用法② ponder+［抽象名詞］（目的語に抽象名詞）が多い

例：ponder the nature of existence（存在の本質を思案する）、ponder the meaning of life（人生の意味を思案する）

ほかの表現

- reflect「反省する」
  Take a little time at the end of each day to reflect on the day's events and how you responded to them.（1日の終わりに、その日の出来事を顧みてそれにどう対応したかを反省する時間を少し取りなさい）

	vocabulary	メールの返事	質問の回答	問題や攻撃
カジュアル ↓ フォーマル	**answer**	answer an email 「返事する」	answer a question 「答える」	answer a need 「ニーズに応える」
	reply	reply to an email 「返事する」	reply to a question 「答える」	reply to an attack 「攻撃に返す」
	respond	respond to an email 「反応するように 返事する」	respond to a question 「質問に反応する」	respond to a problem 「問題に応答する」
	handle	handle an email 「メールを処理する」	handle a question 「質問に対応する」	handle a problem 「問題を処理する」

違いがわかる例文

- A successful company offers products that **answer** market needs.
  成功を収めた企業は、市場のニーズに応える商品を提供しています。

- Could you please **reply** to my email at your earliest convenience?
  都合がつき次第で構いませんので、私のメールにご返信いただけますでしょうか。

- The fire station must **respond** to every call it receives.
  消防署はすべての入電に対応しなければなりません。

- I'm not sure I can **handle** all the tasks I've been assigned.
  これまでに割り当てられた業務をすべて処理できるか自信がありません。

▶ answer「答える」 ややカジュアル

用法① answerは「答える」という意味で最も一般的に使う動詞

answer a question（質問に答える）のように「答える」という意味の最も一般的な動詞。ビジネスメールでは、answer an email（メールに返信する）よりも reply か respond のいずれかを使うことのほうが多い。

用法② answer+［人］、answer to...、answer for...の違いに注意

answer+［人］（［人］の質問に答える）という使い方もあり、answer my boss で「上司の質問に答える」という意味。

answer to [my boss]で「［上司］のもとで働いている」、A answers for B は「AをBとして使う」という意味で「答える」という意味はないので注意。

▶ reply 「返事をする、返答する」 ややカジュアル

用法① ビジネスメールで「返信する」ときはreplyを使うことが多い

例：I'll <u>reply</u> by this time tomorrow.（明日のこの時間までにお返事いたします）

用法② replyは「攻撃に対して応酬する」意味もある

例：<u>reply</u> to an attack（攻撃に対して応酬する）

▶ respond 「応答する、反応する」 ややフォーマル

用法① respondは「回答する」というよりも「反応・応答する」ニュアンスがある

respond to an emailもreply to an emailもほぼ同じ意味だが、respondは「返す」より**「反応する」ニュアンスが含まれる**。例えば、respond to a questionは具体的に「質問に答える」というより、「その質問に対して何か言う（反応する）」というニュアンス。

例：How should I <u>respond</u> to this question I don't really want to answer?（私があまり答えたくないこの質問に、私はどのように反応すべきでしょうか）

用法② respondで「反応する」という意味

<u>respond</u> to a situation（状況に反応する）、<u>respond</u> to a problem（問題に反応する）や<u>respond</u> to an issue（問題に反応する）のように「反応する」という意味がある。

例：<u>Respond</u>, don't react.（反射的に反応するのではなく、考えて反応せよ）

respondは「考えて反応する」、reactは「本能的に反応する」ニュアンス。

▶ handle 「対応する」 ややフォーマル

用法① handleは「手を使って扱う」という意味

handleは「手を使って扱う」。<u>handle</u> with care（取り扱い注意［丁ねいに扱ってください］）という文句はパッケージでよく目にする。手で扱うというイメージから、<u>handle</u> a problemで「処理する」。<u>handle</u> an emailは「メールを返事する」よりも、「仕事として作成しなければならないメールがあり、そのメールを処理する」というニュアンス。<u>handle</u> tasks/<u>handle</u> jobs/<u>handle</u> workも同じイメージで「仕事を処理する」「仕事に対応する」という意味になる。

ほかの表現

- retort「言い返す」
  When the classical musician asked the jazz musician why he kept repeating the same cliché musical patterns, the jazz musician retorted, "Why do you keep playing music by the same dead people?"（クラシック音楽家がジャズ奏者に対して、「どうして君たちは同じお決まりのパターンを繰り返し演奏するんだい?」と聞いたとき、ジャズ奏者はこう言い返しました。「どうして君たちは、死んだ人たちの書いた同じ曲を演奏し続けるんだい?」）

089 分ける

vocabulary	相性の良いイメージ
separate	・他動詞で「分ける」「間に入る」の意味 ・自動詞で「別れる」の意味
distinguish	「違いがわかる」「見分ける」の意味
make a distinction	「区別をつける」の意味
differentiate	「違いを見せて、違いをつける」「識別する」の意味
discriminate	「差別する」「区別する」の意味

違いがわかる例文

- The teacher **separated** the children into reading groups of different levels.
  先生は子ども達を異なるレベルでの読書のグループに**分けました**。

- Non-native speakers of English sometimes have trouble **distinguishing** between plural and singular nouns.
  英語を母国語としない英語話者は、複数名詞と単数名詞の**区別**に苦労することがあります。

- We **differentiate** ourselves from our competitors by providing quality after-sales service.
  私たちは、質の高いアフターサービスの提供により、ライバルと**差別化**をしています。

- The court ruled that the university's race-based admissions process **discriminates** against Asian American and white applicants.
  裁判所は、大学の人種に基づく入学手続きはアジア系アメリカ人と白人を**差別する**ものであると判決した。

▶ **separate**「分ける」 カジュアル・フォーマルのいずれも

用法① separateは他動詞と自動詞で使い方が異なる

他動詞のseparateはtrashやpeopleと一緒に使うことが多い。例えば、separate fighting children（ケンカしている子どもの間に入る）のように使う。一方、自動詞のseparate は「別れる」という意味で、特に夫婦が離婚の前段階で「別居する」場合に使う。

用法② separate into...「～を（1つだったものを）2つ以上に分ける」という意味

separate into...（～を2つ以上に分ける）と、separate from...（～から切り離す）という句動詞

を覚えておくと良い。separate the wheat from the chaff(有能な人と無能な人を分ける)と
いう意味のイディオムも覚えておこう。

▶ distinguish, make[draw] a distinction「見分ける」 ややフォーマル

用法① distinguishは「違いがわかる」、make[draw] a distinctionは「区別をつけ
る」という意味

名詞distinction は「区別」、動詞distinguish は「違いがわかる」という意味。

用法② distinguish between[among]...「～と見分ける」という意味

例：It's hard to distinguish among those professors.(その教授たちを見分けるのが難しい)
その教授たちは皆、同じようである(似ている)ニュアンス。make[draw] a distinctionを
使うと「区別をつける」意味が強い。

用法③ 主語を[人]にしてdistinguish from...「～との違いがわかる」

例：I can't distinguish the professor from his peers.(地位によって教授の違いがわかること
はありません)

▶ differentiate「～を識別する、～に違いをつける」 ややフォーマル

用法① differentiateは、「違いを見せる・見つける」という意味

differentiate は形容詞different「違う」と名詞difference「違い」からきている動詞。

用法② distinguish among...とdifferentiate among...の違い

distinguish among the professors：教授の特徴(考え方)などで見分ける

differentiate among the professors based on duties：職務の違いで教授を識別する(こ
の教授は主にteaching dutiesを担当しており、この教授は主にresearchを担当している…など)

▶ discriminate「差別する、見分ける、区別する」 ややフォーマル

用法① 自動詞で「～を差別する」、他動詞で「見分ける、区別する」

自動詞の discriminate against...(～を差別する)がよく知られているが、discriminate
good from evil(善悪の区別をつける)のように **「区別する、識別する」** といった**中立的
な意味**もある。

用法② discriminate between[among]...と使うことが多い

discriminate among professorsというと「人種や性別によって区別・差別する」ニュアン
ス。We don't discriminate on the basis of race or gender.(人種や性別によって差別しま
せん)のように、based on... / on the basis of...「～による」を加えて説明することが多い。

ほ か の 表 現

- divide「～を分ける、分割する」
  During the Edo Period, Japan was divided into between 200 and 300 largely
  autonomous feudal domains.(江戸時代、日本は主に200～300の自立した大名たちの
  支配に分割されていました)

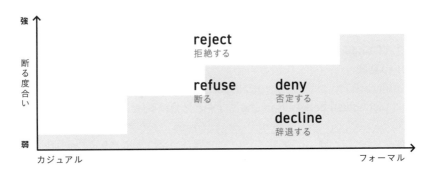

違いがわかる例文

- The university **rejects** nine out of ten applicants, so the chances of getting in are slim.
  その大学は10人中9人の受験生を**不合格**にするため、合格率は低いものとなる。

- I **refuse** to go along with this plan any longer. Someone is going to get hurt if we don't stop.
  もはやこの計画には**賛成できません**。中止しなければ、誰かが傷つくことになります。

- The defendant **denied** that he was with the victim on the night of the murder.
  被告は殺人の行われた夜に被害者と共にいたことを**否認した**。

- I'm afraid I have to **decline** your invitation on account of other obligations.
  その他の義務により、私は残念ながらお誘いを**辞退**しなければなりません。

▶ **reject**「拒絶する、拒否する、却下する」 カジュアル・フォーマル

用法① rejectは最も強く「拒否する」という意味を持つ

例：reject a man's advances（男性のナンパを強く断る）、reject a gift from that awful man（あの恐ろしい男性からのプレゼントを拒絶する）

用法② ビジネスではreject an offerという表現を覚えておこう

reject an offerは「これ以上交渉するつもりがない程、強い気持ちで断る」ニュアンス。

用法③ reject+［人］で「［人］を受け入れない」ニュアンス

reject (job/college) applicants（不採用・不合格になる）という表現も一緒に覚えよう。

例：I was rejected by XXX University.（XXX大学は不合格だった）

▶ refuse 「断る、拒絶する、辞退する」 カジュアル・フォーマル

用法① refuseはrejectよりもやわらかく「断る」ニュアンス

refuse は、rejectより少しやわらかく断るイメージ。次は病院内でよく見かける文句。

例：Doctors must refuse gifts from their patients.（医師は患者からの贈り物をもらってはいけない）

用法② ビジネスでよく使われる、refuse an offerとan offer too good to refuse

例：I can make you an offer too good to refuse.（拒めないほど魅力的な提案をします）

用法③ refuse+ [to不定詞]「〜することを拒む」という使い方も多い

例：refuse to participate（参加することを拒む）、refuse to quit（[やめることを拒む、つまり]粘り強く続ける）

▶ deny 「否定する、認めない」 ややフォーマル

用法① denyは（PCなどの）アクセスや公的申請などに対して使うことが多い

例：deny access to the computer（コンピューターへのアクセスを拒否する）、application for citizenship was denied（市民権の申請が拒否された）

用法② denyは「認めない」というニュアンス

deny the truth（真実を否定する）、deny that...（〜を否定する）と使うことが多い。法廷で、Do you deny that you were there on the night of...?（〜の夜にあなたがそこにいたことを否定しますか？）など使うことがある。

▶ decline 「辞退する、断る」 ややフォーマル

用法① 断る度合いはreject＞refuse＞declineのような強さ

declineを使うときは、I'm afraid I have to decline that offer.（残念ながら、その申し出をお断りしなければなりません）のように丁寧な表現を使う。

用法③ decline+ [to不定詞]で「〜することを断る、〜しかねる」

例：decline to participate（参加しないようにする）

COLUMN

• **お断りの表現方法**

[ビジネスメールでのお断り表現]

謝りの表現を頭につけて始めると良いと思います。

I'm afraid（残念ながら）/unfortunately（あいにく）

[日常生活でのお断り表現]

No, thank you.「結構です」を、Thank you, but no thank you.（ありがとうございます。でも結構です。）とするだけで印象が随分と変わります。「英語はダイレクトに伝えて大丈夫！」と思われがちですが、言語に関わらず、相手の思いや心を気遣った表現を使っていきたいですね。

091　推測する

guess	speculate	hypothesize
当てる	憶測する	仮説を設ける

カジュアル　　　　　　　　　　　　　　　　　　　　　　　フォーマル

estimate
〜を見積もる
ビジネス

論文

違いがわかる例文

- You'll never **guess** who's coming to dinner tonight!
  今夜のディナーに誰が来るか、君、絶対に予想できないよ!

- I **estimate** the cost of repairs will come to around one thousand dollars.
  修理の費用は1,000ドルくらいになるだろうと見積もっています。

- I can't **speculate** as to who'll win the tournament.
  誰がそのトーナメントで優勝するか、私にはわからないわ。

- The scientists **hypothesize** that the molecular structure of the compound will change as a result of the experiment.
  科学者は、その化合物の分子構造は実験結果によって変化するのではないかとの仮説を立てる。

▶ **guess** 「当てる、推測する」　カジュアル

用法①　他動詞のguessは「当ててみて」というニュアンスでカジュアルな会話で使う
他動詞の guess は guess an answer(答えを当てる)、guess that he's coming(彼が来ると想像してみる)、guess what's for dinner(夕食は何か、当てる) のように使う。

例：Would you care to guess who's coming to dinner?(夕食に誰かくるか当ててみない?)

用法②　guess at...は「(当たるか当たらないかわからないが)〜を当ててみる」
guess at は「当たるかどうかわからない」というニュアンスが強く含まれていて、can only guess at... で「〜がわかるはずがない」という意味になる。

例：I can only guess at his reasons for coming today.(今日、彼が来る理由が私にわかるはずがない)

「…だと思う?」と質問されたときの返答として I guess so.(そう思います) というフレーズがよく使われる。これは、**「実際にそうであるかどうかわからないけど、そう思う」というニュアンス**。

▶ estimate 「～を見積もる、推測する」 ややフォーマル

用法① estimate+［価値や数字］のような目的語がくることが多い

例えば、estimate the cost(その費用を見積もる) や estimate the size(そのサイズを見積もる)
などのように使う。estimate+［(that節／where節などの) 接続詞］を使うことも多い。

例：estimate that fourth-quarter earnings will fall(第4四半期の売上は落ちるだろうと推測する)

▶ speculate 「推測する、憶測する」 ややフォーマル

用法① speculateは前置詞と一緒に使うことが多い

speculate on...「～について思案する」という句動詞。ビジネスシーンでは speculate
on Wall Street (speculate in the stock market) で「株式市場で思惑買いをする」という
表現をよく使う。リスクをかけて投資するという意味。
can only speculate as to...「～については推測の域を出ない ［するしかない］」という
表現も覚えておこう。目的語には、価値や数字がくることが多い。

例：I can only speculate as to her age, but she must be over fifty by now.(彼女の年齢
については推測の域を出ないが、今のところ50歳以上に違いない)

I can only speculate as to why he came today.(なぜ彼が今日来たのかは、推測するし
かない)

用法② 他動詞のspeculateは、通常、WH名詞節（疑問詞節）と一緒に使う

例：Do you care to speculate when he'll arrive?(彼がいつ到着するか、推測してみて?)

▶ hypothesize 「仮説を設ける」 フォーマル

用法① hypothesizeは、(特に科学系の)論文でよく使う

名詞のhypothesis(仮定) は科学系の論文などでよく使い、**動詞のhypothesize(仮説
を立てる) も論文で使うことが多い**。Our hypothesis is that...(私たちの仮説は～) や We
hypothesize that...(私たちは～という仮説を立てます) など。

用法② hypothesizeは「仮説」を立てるという意味なので、根拠がある

guess、estimate、speculateと異なり、hypothesize は根拠があって使う語。そのため wild/
rough hypothesis のような使い方はしない。

ほかの表現

- assume「 ～と仮定する、思い込む」
  I assume he knows what he's doing, but I'm not sure at this point.(彼は自分が何をし
  ているかわかっていると思うけど、この点に関しては定かではないわ)
- suppose 「～と仮定する」
  Do you suppose he's forgotten how to do it?(彼はやり方を忘れてしまっていると思う?)

vocabulary	相性の良いイメージ
ignore	・人（例：ignore a person's behavior） ・事項（例：ignore a matter） ・アドバイス（例：ignore advice）
leave alone	・人（例：leave me alone） ・事項（例：leave a matter alone）
let go	・人（例：let a prisoner go「解放する」、let an 　ex-boyfriend go「元カレを忘れる」） ・事項や思考（例：let thoughts go, let worries go）
disregard	・人（例：disregard a person's feelings） ・事項（例：disregard an email, disregard a sound）

違いがわかる例文

- As a teacher I've learned it's often best to **ignore** disruptive students.
  教師として、問題を起こす生徒は、往々にして無視するのが1番だと学びました。

- I think it's best just to **leave** him **alone** while he reflects on his behavior.
  彼が自分の行動を振り返っている間は、そっとしておくに限るわよ。

- It felt good to **let go** of the tension in my shoulders.
  肩の力が抜けて、気持ちよかった。

- Please **disregard** what I just said a moment ago.
  私が少し前に言ったことはご放念ください。

▶ ignore「無視する」 ややカジュアル

用法① ignoreは「知らないままにして、無視する」ニュアンス
形容詞のignorant（知らない）と同じ語源からきているため、一緒に覚えると良い。
ignoreは「知らないままにする」というニュアンス。You can't ignore the truth any longer.（もうこれ以上、無視できない）、つまり「事実を受け入れないといけない」。
用法② ignore a person、ignore adviceという使い方が多い
例：ignore a person（ある人を無視する）、ignore advice（アドバイスを無視する）、ignore that pestering child（あの困らせる子を無視する）など。友達同士の会話で、Just ignore him. He's always like that.（彼は無視して、いつもそんな感じだから）のように言うこともある。
用法③ ignore emailとdisregard emailの使い分け
ビジネスで使うときはignore email（メールを無視する）とdisregard emailの違いを理解し

ておくと良い。ignore は、I'm going to ignore my email for a while to get some other work done.（他の仕事が終わるまでしばらくメールは無視しておこう）のように使う。誰かに「私が以前送ったメールは無視してください」のような文脈で使う場合は、よりフォーマルな語である disregard を使い、disregard email とするのが良い。

▶ leave alone 「1人にする」 ややカジュアル

用法① leave aloneは「無視する」「独りぼっちにする」という意味
Leave a child alone at home.（子どもを1人でお留守番させる）のように使う。
用法② leave aloneは「放っておく」「無視する」という意味でも使える
leave a matter alone for a while（しばらくそのままにしておく）、Leave me alone!（放っておいて！[1人にさせて]）のように使う。
目的語が代名詞（meなど）だろうと名詞だろうと必ず目的語を leave と alone の間に置くこと。

▶ let go 「放す」「手放す」 ややカジュアル

用法① let goで「手放す」「解放する」という意味になる
let（させる）+go（行く）で、「行かせる」が直訳。Let me go to the concert!（コンサートに行かせて！）のように使う。**「行かせる」という直訳から「解放する、手放す」という意味になる**。Let a prisoner go.（囚人を解放する）、Let your thoughts go.（すべてを忘れる）、let an ex-boyfriend go（元彼を忘れる／元彼への未練を手放す）のように使う。

▶ disregard 「軽視する、無視する」 フォーマル

用法① disregardは「考慮しない」
dis（否定を表す接頭辞）+regard（考慮する）=disregardで**「考慮しない」という意味**。そこから**「軽視する、無視する」という意味**になる。丁寧に「無視する」という意味で、Please disregard that email I just sent.（先ほどお送りしたメールは無視してください）のように使うこともあれば、「軽視する」という意味でdisregard (a person's) feelings...と使うこともある。

COLUMN

● あなたらしく、ありのままで
ディズニーの映画の挿入歌であるLet it goは日本で一大ブームを巻き起こしました。また、The BEATLESのLet it beも永遠の名曲です。このlet it goやlet it beには次の意味があります。「ありのままで、成り行きに身を任せる、そのままで」。Let it beには、ポール・マッカートニーが落ち込んでいるときに夢枕に亡くなった母、メアリーが出てきて、It's gonna be OK. Just let it be.と言ってくれた、という誕生秘話があります。Let it goもLet it beもシンプルなのにとても力のある言葉ですね。

093 邪魔する

interrupt
邪魔する

hinder
阻む

邪魔の程度
普通

intrude
侵入する

disrupt
混乱させる

邪魔の程度
強

違いがわかる例文

- Would you please stop interrupting me and let me finish speaking?
  割り込むのをやめて、私に話し終わらせていただけないでしょうか。

- I don't mean to intrude on your affairs, but I think you should leave your abusive husband.
  あなた達の問題に首を突っ込むわけじゃないけどね、でも虐待する旦那なんて別れたほうが良いと思うの。

- The child disrupted class almost every day.
  その子はほとんど毎日、クラスの邪魔をしました。

- Construction was hindered by a series of typhoons that struck the region in succession.
  その地域を相次いで直撃した一連の台風により、建設は妨げられました。

▶ interrupt「邪魔する」 カジュアル・フォーマル

用法① interruptは「作業や会話を邪魔する」ときに使う語
interrupt は「邪魔する」という意味で、**今行っている作業（work）や会話（conversation）を「邪魔する」ときに使うことが多い。**例えば、自動詞として I don't mean to interrupt. と言うと（[作業や会話を] 邪魔しているつもりではない）という意味。intrude のように personal affairs（個人的事情）や relationship（人間関係）を邪魔するというニュアンスでは使わない。また、interrupt a person で「人の話をさえぎる」という意味だが、disrupt a person/hinder a person とすると別の意味になるので注意。
用法② アメリカのニュースでよく使うあのフレーズ
アメリカのテレビで、緊急ニュースが流れるときに下記の文章がよく使われる。

例：We interrupt this program to bring you a special report.（番組を中断して、速報をお届けします）

▶ intrude「侵入する」 カジュアル・フォーマル

用法① intrude...on/upon/into...で使うことが多い「押し入る」というニュアンス

例：I don't mean to <u>intrude</u> myself <u>into</u> your personal affairs, but I think you need to stop going out with her.(あなたの個人的な事情に押し入るつもりはないけれど、彼女とデートするのをやめるべきだと思う)

例文のように**「自分が他人のことに押し入りたくない」**ときに使う語がintrude。

用法② interruptよりも「**押しつけがましくアドバイスをしたり、質問したりする**」イメージ

interruptと異なり、**単に「邪魔する」だけでなく、押しつけがましく（無理に）アドバイスしたり、質問したりするイメージが**intrude。また、自動詞のintrudeはI don't mean to <u>intrude</u>, but...(邪魔したくないけど、～) という表現やintrude on...(～を邪魔する) という句動詞をよく使う。I don't mean to <u>intrude on</u> your relationship.(あなたの人間関係を邪魔しているつもりではない) や<u>intrude on</u> a conversation(会話を邪魔する) のように使う。

▶ disrupt「混乱させる」 カジュアル・フォーマル

用法① disruptは「混乱させる」というニュアンス

例えば、interrupt a meetingと言うと「会議を中断する」という意味だが、**disrupt a meetingと言うと「大きな声で騒いで、ケンカして会議を混乱させる」ニュアンス**。「計画を邪魔する」などと言うときにinterruptではなくdisruptを使うと、「破壊する」に近い、強いニュアンスが伝わる。

▶ hinder「阻む」 カジュアル・フォーマル

用法① hinderは「妨害するほど、阻む」というニュアンス

hinder は progress(進歩) などの「邪魔」だけでなく、**妨害になるほど邪魔するというニュアンス**。例えば、hinder a meetingやhinder a conversationと言うと「まだ始まっていない会議や会話が始まらないように妨害して阻止する」という意味。

用法② hinder+［人］+from+［動名詞］で「［人］が［動名詞］することを妨げる」

例えばI won't <u>hinder you from doing</u> that.(私はあなたがそれをするのを妨ぎません) と言うと（賛成していないかもしれないが）、あなたがそれをすることの邪魔にならないようにする、という意味。次のように、受動態で使うこともある。

例：Factory production was <u>hindered</u> by lack of component parts.(部品の不足により、工場での可動率が低下した)

ほ か の 表 現

- chime in「(会話などに) 割って入る」
  Can I chime in for a moment to share my two cents on the matter?(この問題について私の意見をシェアしたいんだけど、割って入っても良いかしら)

094 聞く

| | catch 聞き取る | | listen 耳を傾ける | attend 注意して聞く |

聞く意識の
強さ
弱

hear
聞いたことがある、
耳にする

聞く意識の
強さ
強

違いがわかる例文

- I didn't **catch** that last word you said. Could you please repeat it?
  最後の言葉が**聞き取れ**ませんでした。もう一度言っていただけますか。

- It's really hard to **hear** over the music in this restaurant.
  レストランで音楽を避けて**聞く**のは本当に難しいです。

- When he failed out of college, the boy wished he'd **listened** to his father and gone to class.
  大学を退学になったとき、少年は父親の言いつけに**耳を傾け**、クラスに出ればよかったと思った。

- The children carefully **attended** to their grandmother's stories.
  子ども達はおばあちゃんの話を**注意深く聞いて**いた。

▶ catch「聞き取る」 ややカジュアル

用法① catchは「聞き取る」という意味がある

通常、catchは「つかむ、握る」という意味があり、そこから**「聞き取る」という意味**でも使われる。相手の言ったことがわからなかったときに次のように使う。

例：I didn't <u>catch</u> what you said. Can you repeat that?（おっしゃったことが聞き取れませんでした。繰り返してもらえますか?）

用法② catchはnotと一緒に、**カジュアルなシーンで使うことが多い**

例：I didn't <u>catch</u> that last part of the movie. Can you rewind so I can see it again?（その映画の最後の部分がわからなかった。もう1度見れるように巻き戻してくれる?）

▶ hear「聞こえる、耳にする」 カジュアル・フォーマル

用法① hearは「耳にする」というニュアンス

hearは「耳にする」、つまり、わざと聞くことのではなく、**たまたま耳にする場合に使う。**

例：Did you <u>hear</u> that loud noise? What do you think that was?（あの大きな音聞いた？あれ、何だったと思う？）

用法②　否定文のときに「認める」という意味にもなる

特に**否定文として使うときに「認める」という意味にもなる。**

例：I wouldn't <u>hear</u> of your missing the party. You must come!（パーティーに来ないなんて認めない！　絶対来てよ！）

She wouldn't even <u>hear</u> my argument.（彼女は私の主張さえ認めない）

用法③　heard of...「～は聞いたことがある」

heard of... で「～は聞いたことがある」という使い方もある。

▶ listen「聞く」 カジュアル・フォーマル

用法①　listenは自動詞で「耳を傾ける」という意味

listenは自動詞で**「耳を傾ける」という意味**なので、「～を聞く」と言いたいときは、listen to... とする。例えば<u>listen to</u> music（音楽を聴く）と言う場合hearは使えない。hearを使うのであればhear a sound（音を聞く）のように「たまたま耳にするもの」に使う。

用法②　listenには「耳を貸す、従う」という意味もある

No one ever <u>listens to</u> me!（誰も私の言うことを聞かない！）という文からもわかるように、listenには「耳を貸す、従う」という意味もある。

▶ attend「よく聞く」 ややフォーマル

用法①　attendは「よく聞く」という意味がある

attendは「出席する」だけでなく、「介護をする」という意味もある。

例：A nurse <u>attends</u> a sick patient.（看護師が病人の介護をする）

そのイメージから、**attend to...で「～をよく聞く」**という意味がある。ややフォーマルな語でI carefully <u>attended</u> to every word she said.（彼女の言ったこと1語1語を慎重によく聞いた）のように心がけて丁寧に聞くニュアンスが伝わる。

COLUMN

● listening と hearing はどう違う？

英語の試験でリスニング試験がありますが、かつては「ヒアリング試験」と呼ばれており、1994年度に「リスニング試験」に改称されたそうです。なぜ、ヒアリング試験からリスニング試験に名称が変わったのでしょうか。その理由はと"hear"と"listen"の性質の違いにありました。

● hear　どちらかというと受動的。自然に耳に入ってくるときに使う。

● listen　能動的。積極的に意思を持って聞こうとするときに使う。

試験の場合は、問題となる音源を「積極的に意思を持って」聞こうとしますよね。このことから、試験名の改称が行われたそうです。

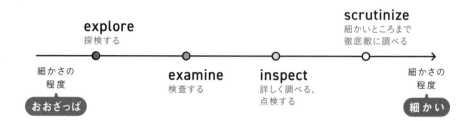

違いがわかる例文

- We just moved, and I'm excited to **explore** the neighborhood!
  引っ越したてで、近所を**探検する**のが楽しみなんだ!

- The scientist **examined** the tissue under a microscope.
  科学者は顕微鏡で組織を**検査した**。

- I advise you to **inspect** every hotel room you stay in for bedbugs.
  あなたが泊まったホテルの部屋すべてでトコジラミがいないか**点検した**ほうが良いですよ。

- The fact-checker's job is to **scrutinize** the veracity of every article printed in the newspaper.
  事実調査員の仕事は、すべての新聞記事の信ぴょう性を**精査する**ことです。

▶ **explore**「探検する」 カジュアル・フォーマル

用法① explore は「探検する」という意味
explore は、大まかに言うと「**探検する**」という意味。

例:Europeans set out to explore the New World.(ヨーロッパ人は新世界の探検に出発した)

Ferdinand Magellan was the first explorer to circumnavigate the globe.(フェルディナンド・マゼランは、船で世界を一周した最初の探検家です)

用法② explore は「話題を探す」という意味にも
「陸地を探検する」という意味だけでなく、比喩として **explore new territory**(新しい話題について話す)という意味でも使う。

例:We're exploring new territory in this discussion.(この議論で新しい話題について話している)

▶ examine「検査する」 カジュアル・フォーマル

用法① examineは「検査する」という意味

examineは「検査する」という意味。**explore**より、**少し詳しく調べる場合に使う。**

例：A doctor examines a patient.（医師が患者を検査する）

　　We need to examine this problem closely.（この問題について詳しく調べる必要がある）

▶ inspect「綿密に検査する、調査する」 ややフォーマル

用法① inspectは「綿密に調べる、検査する」という意味

inspectは「見る」という意味を持つspectが由来の語。inspect a person's appearanceと言うと、observe（観察する）と異なり**「細かく見て、（その人の）弱点などがないか綿密に調べる」というニュアンス。**inspect a crime sceneも同じニュアンスで、**指紋やDNAなどを調べて証拠がないか調査するというニュアンス。**いずれも綿密に調べるというニュアンスが強い。

用法② 公的な機関の視察や査察にもinspectを使う

inspectorは「政府のため検査官の仕事をする人」という意味。例えば、Health Inspector（健康診査官）は衛生の基準が守られているかどうか調べる職業。このように、**inspectも公的な期間の視察や査察に使うことが多い動詞。**

▶ scrutinize「丹念に調査する、精査する」 ややフォーマル

用法① scrutinizeはネガティブな意味で「詮索する」という意味がある

scrutinizeは**ややネガティブな意味で「詳しく見る、詮索する」というニュアンス**がある。会話で、Do you have to scrutinize every word I say?（私が言うひと言ひと言を、詮索しなきゃいけないの？）と言うと、話し手が何かを言うたびに、聞き手が様々なことを指摘しているシーンがあったと想像できる。

用法② scrutinizeは良い意味で「丹念に調査する」という意味も

ポジティブな意味で**「責任を感じて、細かく調べる」という意味でも使える。inspectよりも、さらに些細なところまで見るニュアンス。**大事なレポートを出す前にscrutinize the veracity of the report（レポートの正確さを丹念に調べる）のように使う。

ほかの表現

- probe「〜を探る、精査する」
  To probe into the root cause of the project's failure, we need to interview all employees involved.（このプロジェクトの失敗の根本原因を徹底的に調べるためにも、関係従業員全員と面談をする必要があります）

096　成功する

make it
ビジネスや芸能界で
成功する

flourish
繁盛する

カジュアル　　　　　　　　　　　　　　　　　　　　　　　　フォーマル

succeed
成功する

thrive
（科学的・生物学的に）
繁栄する

違いがわかる例文

- It's not easy to **make it** as an actress in Hollywood.
  女優としてハリウッドで**成功する**のは簡単じゃないわよ。
- We **succeeded** in finishing the project on time.
  私たちはプロジェクトを時間通りに終える**ことができました**。
- Woodblock printing **flourished** in Japan during the Edo period.
  浮世絵は江戸時代に日本で**繁栄しました**。
- Morning glories **thrive** in hot environments.
  朝顔は暑い環境の中で**力強く育っています**。

▶ make it 「よくやる」 ややカジュアル

用法① make itは芸能関係やビジネスの成功を表現するときによく使う表現

🔲：That actress <u>made it</u> big.（その女優は大人気になった）

用法② make itは「成功する」という意味で使う

🔲：If you can <u>make it</u> here, you can make it anywhere.（ニューヨークで成功できたら、どこでも成功できる）

"New York, New York"という有名曲の一節でもある。

▶ succeed 「成功する」 カジュアル・フォーマル

用法① succeed in...「〜に成功する」と使うことが多い

succeed in...「〜に成功する」と使うことが多い。例文のように主語は物でも良い。

🔲：He <u>succeeded in</u> achieving his goals.（彼は目標を達成するのに成功した）
　　Our project <u>succeeded</u>.（我々のプロジェクトは成功した）

用法② succeedは「〜のあとを継ぐ」という意味もある

🔲：He <u>succeeded his</u> father as president of the company.（父の後任として次の社長になった）

▶ flourish 「繁盛する」 ややフォーマル

用法① flourishはsuccessよりもポジティブな「成功する、繁盛する」という意味
flourish は人やビジネスを主語にして、「成功する、繁盛する」という意味で使える。
Business is flourishing. は、Business is successful. とほぼ同義だが、**flourishing のほう
が successful よりも少しポジティブに聞こえる。**
用法② flourishは植物を主語にすると「花開く、繁栄する」という意味になる
植物を主語にした場合「花開く、反映する」という意味になる。
例：Marigolds flourished in my garden this summer.（今年の夏は、庭にマリーゴールドが
　　きれいに咲いた）
succeedを置き換えることはできないが、より科学的で硬い文章でthriveを使う。
用法③ 社会現状として「成功しているもの」にもflourishが使える
例：Abstract painting began to flourish after the invention of the camera.（カメラの発
　　明後、抽象絵画が繁栄し始めた）
このように、社会に普及している意味で使える。succeedやthriveは置き換えられない。

▶ thrive 「繁栄する、富む」 ややフォーマル 科学的な文章

用法① thriveは科学的や生物学的に「良く育つ」という意味で使うことが多い
thrive は**科学的に 「環境や状態に合っている」という意味**で thrive under particular
conditions（特定の環境下で良く育つ）や thrive in this environment（この環境で健康に育
つ）のように使う。生物学的に This plant thrives in a cool-weather environment.（この
植物は涼しい気候環境で良く育つ）のように使うことも多い。
用法② ビジネスが主語になると「繁盛している」という意味になる
Business is thriving. は Business is flourishing. と同じ意味で**ビジネスが主語になると
「繁盛している」という意味**にもなる。

COLUMN

• **You nailed it!**

筆者はYouTubeでアメリカのトークショーを見るのが好きなのですが、その中で司会者が何かを
成し遂げた人に対して You nailed it! と言うシーンがあります。
「爪！？なぜ！？」と思うかもしれませんが、これは「よくやったね！」という意味のスラングです。こ
のnailは「爪」と言う意味ではなく、ハンマーを使って打つ「釘」や「鋲」のことを指します。つ
まりnail itを直訳すると「釘を打つ」。技術の高い職人が完璧に壁に釘を打ちつけるということか
ら派生して、「完璧にやり遂げる」という意味の言葉になりました。
皆さんも是非使ってみてくださいね！　I know you'll nail it!

097　願う・希望する

違いがわかる例文

- I hope my daughter views every experience as an opportunity to learn something new.
  娘が一つひとつの経験を、何か新しいことを学ぶ機会として捉えてくれれば良いなと思います。

- I still sometimes wish I had told him how I felt before I got out of his car.
  彼の車から降りるときにどう思っていたか伝えれば良かったって、今でも時々思うのよ。

- He said that all he desired was a good steak, a good woman, and a bottle of red wine.
  彼曰く、彼が望むのは美味しいステーキといい女と、1本の赤ワインということだ。

- Is it wrong that I secretly covet my sister's life?
  私がこっそりと姉の人生をほしがるのは間違っているのかしら。

▶ hope「望む、願う」　カジュアル・フォーマル

用法① hopeは実際に叶う可能性のあることに使うことが多い

自動詞 hope は、hope for a better future（より良い将来を願う）のように hope for...「〜を望む」で使うことが多い。他動詞 hope は hope that she comes（彼女が来ることを願う）のように使う。**hope は実際に叶う可能性があるときに使う**。過去にできなかったことや、全く叶う可能性がない物事に対して使うことはできない。

決まり文句の Hope for the best, but prepare for the worst.（最善の状態を望み、最悪の事態に備えなさい）をあわせて覚えておこう。将来に前向きな気持ちがあるが、やはり何が

210

あるかわからないので準備しなくては、というときに使えるフレーズ。

用法② hope+［限定不定詞］で使うことも多い

例：I hope to go to New Zealand someday.（いつかニュージーランドに行きたいと思う）
hopeを使っているので実際に行ける可能性がある。

▶ wish「願う」 カジュアル・フォーマル

用法① wishは過去にできなかったことについて後悔するニュアンスがある
バースデーケーキのろうそくを吹き消すとき、make a wishと言う。そのような場合、実際に叶う可能性があるが、**動詞wishを使うときは、基本的には過去できなかったことについて後悔する気持ちを表すことが多い**。

例：I wish that I hadn't said that.（あのことを言わなければよかった）
決まり文句、wish upon a star（星に願いを）も覚えておこう。

▶ desire「強く望む」 ややフォーマル

用法① 名詞としても動詞としてもdesireは、強い欲望があるときに使う
名詞desireは「欲望」。have a strong desire to+［限定不定詞］またはhave a strong desire for+［名詞］のような形で**「強い欲望」**があるときに使う。
動詞のdesireも同じ意味でdesire to+［限定不定詞］やdesire+［目的語］という形で使う。**hopeよりも貪欲さや強く切望するニュアンスが伝わる**。

▶ covet「切望する」 ややフォーマル

用法① covetはネガティブなニュアンスがある
covetはニュートラルなニュアンスでcovet a prize（賞をほしがる）のように使う。
しかし、よりネガティブなイメージで、covet my friend's wife（友達の［資産である］奥様がほしい）のように使うこともある。
例えば、聖書の十戒のひとつである、次の文を見てみるとわかりやすい。You shall not covet your neighbor's wife, or his male or female servant, his ox or donkey, or anything that belongs to your neighbor.（隣人の家をほしがってはならない。隣人の妻、使用人、牛やロバなど、隣人の物は何もほしがってはならない）。この例文のように、**covetはdesireよりもネガティブなニュアンスがある**。

ほかの表現

- long for「心から望む、恋しく思う」
Paul McCartney sang that he longed for yesterday, but I'm more inclined to hope for a better tomorrow.（ポール・マッカートニーは過去に思いを馳せて歌ったけれど、私はもっとより良い明日を望みたいと思うんです）

098 続く・続ける

keep
（活動・行動・応援などを）
続ける

persevere
障害などを乗り越えて
活動・行動を続ける

カジュアル ────────●──────────●──────────○──────────→ フォーマル

continue
とにかく続ける

persist
対抗などがあっても
活動・行動を続ける

違いがわかる例文

- After returning to Japan from Australia, she decided to take English lessons to **keep** up her English.
  オーストラリアから日本に帰国後、彼女は英語力を**維持する**ために英語のレッスンを取ることに決めた。

- The climate is **continuing** to warm at an accelerating rate.
  気候は加速的に暖かくなり**続けている**。

- We must cultivate the strength to **persevere** in the face of adversity.
  困難に直面した際に**やり抜く**強さを身につけなければなりません。

- Despite receiving many threats, she **persisted** in calling attention to corruption.
  多くの脅迫を受けようとも、彼女は**粘り強く**汚職に注意を向けさせようとした。

▶ keep 「続ける」 ややカジュアル

用法①　keepは「続けて保管する」という意味
keepは「保管する」という意味もあり、keep (on)+-ing形と言うと、**続けることによりその動作を保管するというイメージ**。<u>keep</u> going（進み続ける）や<u>keep</u> fighting（戦い続ける）のように使う。
用法②　keepはカジュアルで、ニュートラルなニュアンスの語
keepはややカジュアルなシーンで使う。<u>Keep</u> on fighting!/<u>Keep</u> up the fight!/<u>Keep</u> on fighting the good fight.のようにチームを応援するときに「頑張れ！」のように使うことも多い。必ずしもポジティブなことだけではなく、Why must you <u>keep on</u> bothering me?（どうして私を邪魔し続けるの？）のようにも使えるが、**基本はニュートラルな語である**。

▶ continue 「続ける」 カジュアル・フォーマル

用法① 他動詞continueは「〜を続ける」という意味
他動詞のcontinueはkeepのように動詞の-ing形と一緒に使うことが多い。**単純に「続く」という意味で使い、友達同士でもビジネスでも使うことができる。**

例：We must <u>continue working</u> through the holiday.（私たちは、休日中も働き続けなければならない）

用法② continueは自動詞としても使える
continueは自動詞としても使える。テレビ番組の放送終了後に「つづく」と言うのは、英語では、To be continued... と言う。

▶ persevere 「乗り越えて続く」 ややフォーマル

用法① persevereは「障害などを乗り越えて続く」という意味
persevereは「障害などを乗り越えて続く」という意味を持つ自動詞。To <u>persevere</u> against all odds（大きな困難を乗り越えて続く）は非常によく使われている表現。

用法② persevere in...という形で使うことが多い
前置詞と一緒に、persevere in...（〜を続ける）と使うことも多い。<u>persevere in</u> my studies（勉強を続ける）や <u>persevere in</u> my work（仕事を続ける）のように使う。

▶ persist 「断固として貫く、固執する」 ややフォーマル

用法① persistは「やめるよう言われても、続ける」という意味
persistは、例えば**他人からやめるように言われても続けるという意味。**つまり**「断固として貫く、固執する」という意味**になる。会話ではよくWhy must you <u>persist</u> in bothering me?（なんで私の邪魔を続けるの？）のように使う。この1文からは話し手は聞き手に何度も「やめて」と言ったのに、聞き手が迷惑な行動を続けているニュアンスが伝わる。

用法② persistは「断固として続ける」という意味がわかる一例
Nevertheless, she <u>persisted</u>...（それでも彼女は発言をやめなかった）というアメリカのフェミニストによるスローガンを知っているだろうか。女性上院議員 Elizabeth Warren 氏の発言を制止した、男性上院議員 Mitch McConnell 氏が彼女を批難するときに Nevertheless, she persisted... と発言した。これがフェミニスト層に浸透して彼女らがTシャツなどを作り、Me tooデモで着用して広まったスローガンだ。つまり**「抵抗力があっても、断固として言い続けている」というニュアンス。**

ほかの表現

- carry on「進み続ける」
  Her father advised her to carry on with her studies until she obtained a postgraduate degree.（彼女の父親は、彼女が大学院の学位を取得するまでは勉強を続けるべきだと助言した）

vocabulary	相性の良い人に関する語	相性の良いものを表す語
flower, blossom	○特に女性や才能にも使う	花
ripen	△文学的に使う	果物
mature	○心身ともに使う	ワインとチーズ
develop	○心身ともに使う	町など

違いがわかる例文

- Her artistic talent **blossomed** when she enrolled in art school.
  彼女の芸術的な才能は芸術学校に入学した際に**開花した**。

- These vine-**ripened** tomatoes are delicious.
  この**完熟**トマトは本当に美味しいわ。

- She began to appreciate well-written novels when her taste **matured**.
  彼女は嗜好が**成熟**してきたときに、よく書かれた小説を楽しむようになった。

- Chinese investment has been critical to **developing** infrastructure throughout Africa.
  中国の投資は、アフリカ全体のインフラの発達に対して批判的です。

▶ flower, blossom「花が咲く」 カジュアル・フォーマル

用法① 植物に花が咲くときはflowerやblossomを使う
植物に花が咲くことを表現するときは、動詞flowerを使ってMarigolds are flowering!(マリーゴールドが咲いた!)と言う。blossomに置き換えても良い。

用法② 女性を主語にして、才能が上達している様を表すこともある
花が咲くイメージでShe flowered into a lovely woman.(彼女は素敵な女性に成長した)やShe blossomed into a wonderful person.(彼女は素晴らしい人に成長した)のように、**特に女性を主語にして使うことが多い**。同じイメージでa blossoming talentのように**上達している才能を描写するときも使える**。developingを置き換えても良いがblossomingを使うほうがやわらかい印象を与えられる。

▶ ripen「熟す、熟れる」 カジュアル・フォーマル

用法① ripenは主に果実に対して使う
例：The grapes ripened on the vine.(ブドウが蔓のまま熟していた)

Allow the melon to <u>ripen</u> for about a week before you cut into it.（カットする前に1週間ほど、メロンを熟させてください）

用法② 文学的にもripenを使うことができる

ripenは主に果物に使うが、文学的にripenを使うと「成長する」という意味がある。例えば、アメリカの詩人のWendell Berry氏のRipeningの中でOur hair turns white with our <u>ripening</u>という言葉がある。詩の中の夫婦も果物のように、年齢とともに成長するという意味。

またripening talentはblossoming talentと似た意味だが、**ripeningのほうが若干「まだ開花しきっていないので注意する必要がある」ニュアンスがある。**

▶ mature「成熟した・熟成した」 カジュアル・フォーマル

用法① matureはwineやcheeseが「熟成した」と言うときに使う語

wineやcheeseが「熟成した」と言うときに使うことが多いのがmature。形容詞としてa <u>mature</u> wine（熟成したワイン）、動詞としてa wine <u>matured</u> over several years（数年かけて熟成したワイン）のように使える。

用法② matureは形容詞としても使える

例：She's quite <u>mature</u> for her age.（彼女は年齢の割に、とても大人びている）
His behavior is so <u>immature</u>. と言えば、子どもっぽく行動しているという意味。

▶ develop「発展する、成熟する」 カジュアル・フォーマル

用法① developは様々な名詞と一緒に使って「発展する、成熟する」という意味

developを他動詞として使って<u>develop</u> a city（市を発展させる）のように使う。また、抽象名詞を目的語にして<u>develop</u> ideas（アイデアを考察する）という使い方もある。自動詞として使うときはcityやcountryを主語にして、China <u>developed</u> rapidly after implementing free-market reforms.（中国は自由市場改革の実践後、急速に発展した）のように使う。

用法② 人を主語にすると身体的にも精神的にも「成熟する」という意味で使える

例：He <u>developed</u> into a fine young man.（彼は元気な若い男性に成長した）
　　The coach helped her <u>develop</u> her talent and become one of the top tennis players in the world.（コーチは彼女の才能を伸ばす手助けをして、世界一のトップテニス選手の1人にした）

ほかの表現

- sprout「芽を出す」
  I recommend that you start the seeds inside then transplant the seedlings outside after they sprout.（中に種まきを始めてから、芽が出たころに苗木を移植することをお勧めします）

vocabulary	人・組織	アイデア・論理・法律など	物
support	・人・組織に賛成する ・苦しい状態にいる人を支える ・人の努力などを支持する	・賛成する ・証拠をあげる	屋根や橋など
prop (up)	・物質的に人を支える ・人に自信などを持たせる	証拠をあげる	1つの物でもう1つの物を支える
sustain	・生活など続けられるように支える ・ポジティブな態度などを維持させる	・立場など ・法律において、sustain an objection「裁判官は異議を認めた」	×
uphold	uphold [人] as [理想]	・アイデアなどを支えるため、行動する ・法律を擁護する	屋根や橋など

違いがわかる例文

- My parents stopped **supporting** me financially when I graduated from college.
  私が大学を卒業したときに、両親は私を経済的に援助することをやめました。

- We need a brick or something to **prop** the door open.
  ドアを開けておくためにレンガか何か必要だね。

- He cannot **sustain** this lifestyle any longer; something has to give.
  彼はこれ以上このライフスタイルを維持はできないよ。今のままというわけにはいかないさ。

- You must **uphold** the truth against the many forces that seek to deny it.
  否定しようとする力に負けず、真実を守らなければなりません。

▶ support「支える」 カジュアル・フォーマル

用法① 人や組織に対して賛成・支持の意を表したいときに使う
その政治家の活動への**金銭的な寄付の有無にかかわらず「支持・賛成」している**という意味でI support this political candidate.（私はこの政治家候補を支持する）のように使う。アイデアや活動に対して「賛成する」場合も使うことができる。
用法② スポーツチームを目的語にすると「応援する」の意味
例：I support the St. Louis Cardinals.（私はセントルイス・カージナルスのファンです）

用法③ 結論の証拠を「立証する」という意味も

例：support a thesis with evidence（証拠をつけて論文を立証する）

用法④ 物質的に「支える」という意味

例：The roof of the tent is supported by poles.（テントの屋根はポールで支えられている）

▶ prop「支える、支援する」 カジュアル・フォーマル

用法① 物質的に「（支柱などの道具で物を）支える」という意味で使うことが多い

例：prop the door open with a chair（椅子でドアを開けたままにする）

用法② prop+［人］+upで「（枕などで）身体を支える」、「自信やポジティブな態度を持たせる」

例：prop an ill person's head up with pillows（病人の頭を枕で支える）/prop up a person's confidence（ある人の自信を持たせる）

用法③ prop up+［組織］で「（弱い組織に対して）厳しい状況でも生き残れるように手伝う」という意味

例：prop up a struggling company（業績不振にあえぐ企業を助ける）

▶ sustain「維持する、支える」 フォーマル

用法① 「続けられるように維持（支持）する」の意味が強い

sustainは「暮らしや生命を支持する」という意味で「続けられるように支持する」というニュアンスが強い。sustainの目的語はa lifestyle（生活を支える）、friendship（友情を支える）、relationship（関係を支える）のようなものが多い。

▶ uphold「支持する、守る」 フォーマル

用法① 「（道理や秩序を）攻撃から守る」というニュアンスが強い

up（上）+hold（持つ）でuphold「支持する」だけでなく「守る」というイメージが強い。

例：The President takes an oath to uphold the constitution.（大統領は、憲法を守るために宣誓する）

用法② 物質的に「支える」という意味

例：The roof of the Parthenon is upheld by columns.（パルテノン神殿の屋根は円柱で支えられている）

硬い単語のため、the Parthenonなどの建物を話題にしているときに使うのが自然（supportを使うときはthe roof of the tentのような、より日常的な単語に使う）。

COLUMN

- **外交のスピーチで頻出のupholdを使った表現**
- to uphold existing international order（既存の国際秩序を支持するために）
- in order to uphold these principles...（これらの原則を支えるために）

Sally Nakamura
（サリー中村）

全国通訳案内士（英語）、通訳者、元海上自衛官。海上自衛官時代、遠洋航海訓練に参加し世界14か国を巡る。その体験を通して、日本人として、日本の文化を学び英語で発信していくことの大切さ実感。自衛官退職後は語学で唯一の国家資格である全国通訳案内士の資格を取得。その後、通訳案内士資格の取得専門予備校にて、出題分析、カリキュラム作成、試験直前対策講師、セミナー講師等を務め、多くの受験生を合格に導いた。通訳案内士としては個人のお客様の文化体験のご案内や大手自動車メーカーの工場見学ツアーなどをメインに活動。そのほか、児童英語講師、インバウンド受け入れマニュアルの作成など幅広く従事。

Brooke Lathram-Abe
（ブルック・レイスラム）

英文編集・校正・翻訳者。母国アメリカではアメリカ合衆国国勢調査局にて勤務。その後、来日。マーケティングリサーチのプロジェクトマネジメント・翻訳業務のほか、英会話学校・(株)PASONA・保育所での英会話講師を務める。現在、フリーランスで翻訳・校正・英語講師として活躍中。三修社、KADOKAWA、ベレ出版等の英語書籍の英語校正・監修を担当。日本での多くの翻訳・校正・英会話の指導の経験から日本人の英語の傾向を熟知しており、日本人がほしい英語の知識を豊富に持つ。ライス大学（数学・統計・経済学）学士号、ミシガン大学アジア研究文学修士号取得。日本語能力試験N1。最近ではヨガと英語を一緒に学ぶ、ヨガ英語の発信にも力を入れている。

編集協力	本多真佑子
カバー・本文デザイン	喜來詩織（エントツ）
DTP	小林菜穂美

デキる人はここで差がつく！

よく似た英単語の使い分け　厳選400語

2021年4月30日　第1刷発行

著　者	Sally Nakamura, Brooke Lathram-Abe
発行者	前田俊秀
発行所	株式会社 三修社
	〒150-0001　東京都渋谷区神宮前2-2-22
	TEL03-3405-4511　FAX03-3405-4522
	https://www.sanshusha.co.jp
	編集担当　竹内正明
印刷・製本	日経印刷株式会社

©2021 Sally Nakamura, Brooke Lathram-Abe Printed in Japan
ISBN 978-4-384-05993-9 C2082